JN179674

歌の旅びと　ぶらり歌旅、お国旅

西日本・沖縄編

五木寛之

集英社文庫

旅のはじめに

私は一つの故郷《ふるさと》をもちません。

生まれたときから、ずっと旅を続けてきたような気がします。

両親の故郷は九州の筑後地方です。しかし、私はものごころついたときはすでにその地を離れていました。学校の教師だった父が、当時の外地へ新天地を求めて移住したからです。私にとって内地は遠い故郷でした。やがて引揚げてきて少年時代を九州で過ごし、上京して学び、働き、都会が第三の故郷となりました。

やがて青年期が終わろうとするころ、私は北陸の金沢に住みます。そして再びその街を離れて、横浜で暮すことになりました。

その間も、絶えず旅を続けてきました。「家の光」という雑誌の取材記者として、北海道から九州まで、無数の村や町を歩きました。そして今も旅する日々が続いています。百の寺を巡るテレビの番組に出演したり、世界各地の宗教や歴史を旅するルポルタージュを書いたりと、この五十年間ずっと流れ歩いてきた人生だったと思います。

そんな旅の途上には、常に歌がありました。民謡や歌謡曲、そしてポップスやフォーク・ソング、外国ではジャズやファド、タンゴやフォルクローレなど、あらゆる音楽と歌が道連れでした。日本の歌の源流をさぐる旅をして、何枚かのアルバムの制作にもかかわりました。依頼されれば歌の詞も書きました。童謡やＣＭソング、番組の主題曲から歌謡曲まで、ジャンルを問わず歌の詞を作ってきたのです。音楽の世界でも私は一所不住の流れ者だったといえるかもしれません。

沖縄から隠岐、対馬、北海道からシベリアまで、歌を訪ねる旅のなかで数多くの忘れられない歌に出会いました。それぞれの土地の人情とお国柄が、すべて歌に沁みとおっていることをいつも感じていました。さまざまな歌を口ずさむとき、私は自分で百の故郷、千の故郷をもっているように思うのです。その土地を舞台にうたわれた歌は、もう一つの歴史であると言えるでしょう。

年表は正確ではあっても、生きた人びとの息遣いを伝えることはできません。

古代の万葉集は、歌垣のなかから生まれました。平安時代の今様は、庶民大衆の生活を反映している。現代の私たちの心を反映している数々の歌を、のちの世の人びとはどんな気持ちで聴くのだろうかと、いつも思っているのです。

五木寛之

歌の旅びと

ぶらり歌旅、お国旅

〈西日本・沖縄編〉

目次

［九州、沖縄を訪ねて］

歌の旅びと——ぶらり歌旅、お国旅

◎西日本・沖縄編

京都、滋賀、大阪、兵庫を訪ねて

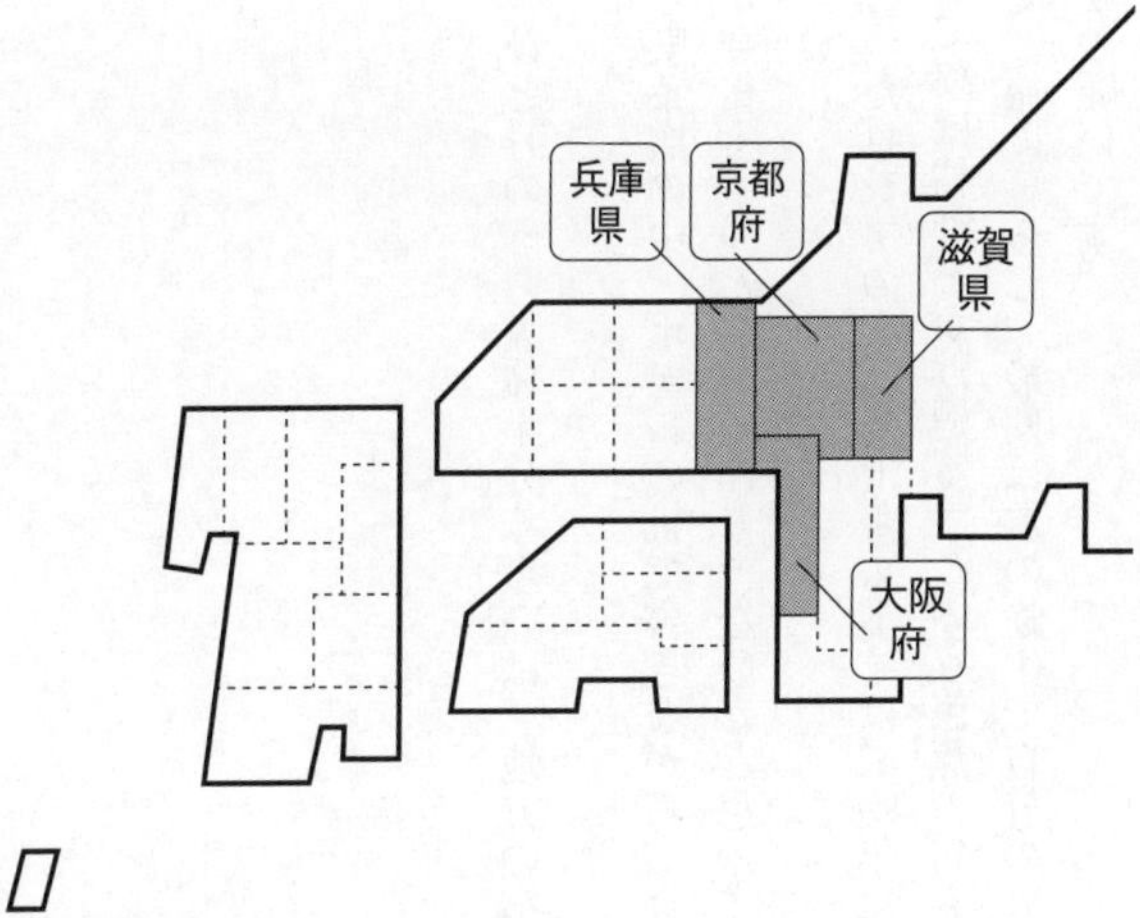

京都

いにしえの最先端都市・京都

私は、いまでも旅から旅への暮らしで、ひと月のうち大体半分くらいは、地方の宿に泊まっています。

ですから原稿も旅先で書きます。列車や喫茶店の中、ホテルの机で書きながら、今日までずっと過ごしてきました。この生活が今後もずっとつづくんじゃないかと思っています。

『戦争と平和』や『復活』という作品を書いたロシアの大文豪トルストイは、晩年に家を出て、旅先の駅で死にました。「旅に病《やん》で夢は枯野《かれの》をかけ廻《めぐ》る」という芭蕉《ばしょう》の句もありますけれど、そんなふうに、旅に生きて、旅に暮らし、最期は旅の途中で自分の人生を終えることができたらなというのが、私の願いです。

旅の楽しみは何かとたずねられたら、移りゆく車窓の風景、風土が培ったうまいもん、あたたかい人情など、いろいろあげられます。

旅という非日常の感覚の中で、私がとりわけ好きなことは、何かの拍子にふと口をついて、歌が出てくることです。そしてその歌に心を合わせて、時空を自在に超える、はるかな感覚を味わうことです。

ですから「歌の旅びと」というのは、じつは、私そのものでもあるのです。

この巻のスタートは京都にしました。京都には四十代から五十代にかけての六年間、市民として、住民税を払って暮らしたことがある、なじみの土地だからです。なじみとは言っても、とても自分が「京都の人間」であるなどとは言えません。江戸っ子だと代々百年ぐらいで言えると思いますが、京都だと五百年、千年は家系がつづいていないと、とても京都人などと言えないような、独特の風土があります。

私は左京区の聖護院《しょうごいん》という所に住んでいましたが、平安神宮が近く、疏水《そすい》が流れる、静かないい場所でした。私が育ったのは外地で、引き揚げてからは九州の山間《やまあい》の農村に住んで、東京という憧《あこが》れの都へ出ました（そのことは『わが人生の歌がたり』（角川文庫）で詳細に書きました）。その後、東京にはない本当の古い日本の姿を探して京都へ行ったつもりでしたが、行ってみて驚いたことがたくさんありました。古都というイメージからは想像もつかない、日本という国の中で最も先進的で、国際的で、エキゾチックな都市だったということです。

外国の観光客の方たちを案内するときに、「日本の古い都の姿をお見せしましょう」と言って京都へお連れしますね。いま私たちが見て、「これが古い日本の姿だ」と感動する歴史的な建造物、庭園、寺院などは、ほとんどが当時の中国から朝鮮半島経由で入ってきた、その時代では最も新しい文明だったんです。

新幹線が京都駅に近づくと、ビルの合間から、東寺の五重塔のてっぺんが見えてきます。そして、「ああ、京都に来たな」という気持ちになりますが、七九六年の創建当時は、今とはまったく異なった光景だったにちがいありません。

低い家並みの中に東寺の五重塔が聳《そび》え立ち、板葺《いたぶ》きや石ころで板を押さえたそまつな屋根がほとんどだったころに、総瓦葺《かわらぶ》きの大伽藍《だいがらん》は、現代のハイテクの素材を駆使した超モダンな高層ビルのような印象を与えていたと思います。

町全体が碁盤のように東西南北に整然と区画され、見たこともないような高層建築の壮大な寺院からは、中国語や梵語《ぼんご》（サンスクリットの言葉）など、聞いたこともないようなお経が聞こえてくる。不思議なお香の匂いも漂ってくる。そして、都大路には煌《きら》びやかな服装をまとった大宮人が、豪華な牛車《ぎっしゃ》に乗って行き来している。

地方から出てきた人間がそんな光景を見たら、噂《うわさ》に聞く唐の都へでも来たように、目を丸くして歩いたと思います。

いまも京都は新しさに対して貪欲で、国際的なものに対する開かれた吸収意欲という新鮮なエネルギーを持ち続けている町のような気がします。
そんな京都を歌った曲があります。

なのにあなたは京都へゆくの　（作詞＝脇田《わきた》なおみ　作曲＝藤田哲朗《ふじたてつお》）

私の髪に　口づけをして
「かわいいやつ」と私に言った
なのにあなたは京都へ行くの
京都の町は　それほどいいの
この私の　愛よりも

静かによりそい　やさしく見つめ
「愛する人」と私を呼んだ
なのにあなたは京都へ行くの
京都の町は　それほどいいの
この私の　愛よりも

琵琶に魅せられた鴨長明

十二、三世紀ごろ、京都で〝今様《いまよう》〟という流行歌が熱病のように流行《はや》って、「道を行く人々、男も女も今様を口ずさみつつ、首をふりふり歩かぬ者なし」と言われるくらいだったそうです。そういう時代に鴨《かものちょうめい》長明という人が夢中になったのが、当時流行の琵《び》琶《わ》でした。

琵琶という楽器はインドで生まれ、中国に渡って独特の発達を遂げて日本に入ってきました。当時の最も新しい音楽を奏でる楽器で、いまでいうエレキギターみたいなものだったんです。

鴨長明は琵琶の奏でる音曲《おんぎょく》を聴いて、自分も琵琶を弾じて身を立てようと志し、琵琶の本場と言われた九州まで学びにいこうとしたくらいの熱狂ぶりでした。腕前もなかなかのものだったようですが、修練も積まないうちに秘曲を人前で演奏したことを咎《とが》められ、琵琶奏者としても家職である神官としても将来の道を断たれてしまいました。出家し、やがて京都府下山科《やましな》は日野の里に隠遁《いんとん》し、『方丈記』を書くのです。

「ゆく川の流れは絶えずして、しかも、もとの水にあらず」という有名な一文で始まる『方丈記』には、すべては過ぎ去り、移り変わるという仏教の無常観がただよっています。

その『方丈記』を読み返して驚くのは、京都という町が繰り返し大きな災害にあっていることです。大火がある。地震がある。それから疫病、飢餓、凶作。こういうものが相次いで起こって、鴨川の河原には人々の骸《むくろ》が山のように積み重なる時代がありました。大地震があったときのさまを、彼は「山は崩れて河を埋み、土さけて水わきいで、堂舎塔廟《どうじゃとうびょう》、ひとつとして全《また》からず」（一部略＝『方丈記』岩波文庫）と書いています。

大火で町の三分の一を完全に失い、見渡す限りの焼け野原の中で余震は半年続いたけれど、その中から京都は不死鳥のように甦《よみがえ》るのです。町の活力とか人間の営みは、本当にすごいものだなと思います。いま年間五千万人の観光客が訪れる京都は、そういう中から立ち上がって千年の古都となったんですね。

伝統と再生の町

さきほど京都に六年間住んだと話しましたが、京都暮らしを始めるときは、仲間に入れてもらおうなどと思い上がったことは考えず、観光客として長期滞在するつもりで、できるだけお金を使い、迷惑はかけず、軒下三寸ちょっと寄せていただきますという姿勢で過ごそうと決めていたんです。

すると京都の人は手のひらの上に載せてころころ転がすように、とてもうまくあしらってくださった。ですから京都に住んだ六年間、一度も嫌な思いをしたり、不安になったりしたことはなかったんです。分を守って、ちゃんと距離を取って生活している限り、やっぱり京都の人は都会人だなと思いましたし、この町はだてに千年という歴史を背負っている町じゃないと、つくづく思いました。

成熟した大人の町でありながら、新しいものに対しても偏見がない町なんですね。

京都の町で始まったものはたくさんあるんです。まだ国や行政によって作られる前に、路面電車とか小学校、中学校、大学などを建てたのは京都がいちばん早いですし、活動写真（映画）も京都で生まれ、京都で発展していくわけです。ほかにも、伝統産業の西陣織《にしじんおり》がさびれかけたとき、いちはやく絹織物で有名なフランスのリヨンに職人をやってジャカード織の技術を導入して見事に再生させました。また清水焼はドイツ人のワグネルという学者から化学的な釉薬《ゆうやく》の技術についてアドバイスを受けるなどして、新しいものができていったのです。

古い町ではあるけれども、新しいものに対して貪欲で、常にリフレッシュしていく新都・京都とさえ言いたくなるような面があるんです。

そして京都は、とても大学生を大切にするところです。町全体で学生を育てる……。

これも東京では考えられない点です。ですから、京都の人にとって、旧制三高（現・京都大学）は、特別な思い入れのある学校なのです。

東京の第一高等学校（現・東京大学）の寮歌『嗚呼《ああ》玉杯に花うけて』に拮抗《きっこう》する人気を集めていたのは、京都の第三高等学校の逍遙《しょうよう》の歌『紅萌《くれないも》ゆる岡の花』です。それだけでなく京都には、三高ボート部の部員によって歌いつがれている『琵琶湖周航の歌』という、大変に有名な寮歌があります。これは、抒情歌として広く口ずさまれました。いろんな歌手が歌っていますが、私は加藤登紀子さんの歌声が好きです。

琵琶湖周航の歌　（作詞＝小口太郎　作曲＝吉田千秋）

我は湖《うみ》の子　放浪《さすらい》の
旅にしあれば　しみじみと
昇る狭霧《さぎり》や　さざなみの
滋賀の都よ　いざさらば

松は緑に　砂白き
雄松《おまつ》が里の　乙女子《おとめご》は

赤い椿《つばき》の　森陰に
　はかない恋に　泣くとかや

この歌が作られたのは一九一七（大正六）年ですが、昔の旧制高校には校歌のほかに寮歌があって、学生だけでなく、ごく一般の人たちにも、広く流行歌として歌われていたんです。金沢の四高は『北の都に秋たけて』、熊本の五高は『武夫原頭《ぶふげんとう》に』とそれぞれ有名で、よく歌ったものです。

京都の大学といえば、私は中年過ぎで、恥ずかしながら聴講生として龍谷《りゅうこく》大学に学び、三年近く通いました。

大宮学舎という古い木造の校舎に初めて行ったとき、おもしろい風景を見たんです。校門を出入りするたびに学生たちが帽子を脱いで、一礼するんです。バイクに乗ってくる学生もヘルメットを脱いで小脇に抱えて、一礼して入る。「ずいぶん古風だけど、いい学校だなあ」と思いました。顰蹙《ひんしゅく》を買いながらも何年間か若い学生さんたちと机を並べて学んだ時期があったことが、こんなに長いこと仕事ができた一つの支えになったのかなと感謝しています。

それから何十年か経って、先日訪ねましたが、いまの学生は帽子をかぶっていないせいか、もはやそういう風景は見られなかった。ちょっと寂しかったですね。

市井に息づく京都気質

観光で京都に行くのと暮らすのとでは、だいぶ見方が変わると思います。

京都は文化人の方たちの交流が深いんです。お亡くなりになりましたが、フランス文学の大家、京都大学の桑原武夫先生を中心に、哲学者で法然院貫主《かんじゅ》だった橋本峰雄さん、司馬遼太郎さん、陳舜臣《ちんしゅんしん》さん、それから梅原猛さんなどが常連で、そのほかにゲストがときどき加わって、月に一回、ご飯を食べたり、話をしたりする集まりがあって、私もその席に参加させていただいていました。世間話もしますけれども、日本の歴史など、話の端々でずいぶん学ぶところがありました。そういうことができたのは、京都ならではだと思います。

そのときうかがった濃密な会話の数々は、当時の店の雰囲気とともに、まだ私の脳裏に深く息づいています。

音楽関係でも、京都出身の有名な方は多いですね。たとえば沢田研二さんの忘れがたい歌があります。

時の過ぎゆくままに　（作詞＝阿久悠《あくゆう》　作曲＝大野克夫《かつお》）

あなたはすっかり　つかれてしまい
生きてることさえ　いやだと泣いた
こわれたピアノで　想《おも》い出《で》の歌
片手でひいては　ためいきついた

時の過ぎゆくままに　この身をまかせ
男と女が　ただよいながら
堕《お》ちてゆくのも　しあわせだよと
二人つめたい　からだ合わせる

沢田さんのちょっと退廃的な感じのする歌声と曲調が合っているんですね。作曲家の大野克夫さんも京都出身です。

私が住んでいた聖護院という町は人々が普通に生活している場所で、スーパーとかコンビニではない小さな八百屋さんのようなお店がありました。そこへ行くと、ラップもされないまま、ちょっとしなびた野菜とか少し色あせた果物が、とても安い値で並んでいるんです。日常使うものは、見栄えの良さにお金をつかわず、少しぐらいしなびたものでも無駄にせずに売り切るし、買ったほうも使い切るんですね。

京都では、きちんと使い切ることを「始末」と言うんです。ひとつの食材から、何種類ものおばんざい（お総菜）を作って、最後まで使い切る。まだ使える食材や物を無駄にはしない。それが、京都の「始末」の精神なんです。日常はきちっとつましく暮らして、お祭りや町の行事には気前よくドーンと出すというところが、京都の人にはあるような気がします。

おもしろいのは、近所のそういうお店で顔なじみになってくると、「ええと、じゃあ端数の二円、おまけしときます」って言われたりすること。「えっ？　二円とか三円とか、そういう単位がまだ通用する世界があったのか」と驚きましたし、「ああ、これも京都なんだな」と感じました。

京都は、意外に自然も豊かなんです。そのことも、そういった気質に関わっているのかもしれません。市内を何本も川が流れていて、カモメも飛んでくるし、一本足で立っているサギもいて、それが繁華街のど真ん中から眺められる。鴨川の川べりを歩いていて、「いまから八百年ぐらい昔に、親鸞《しんらん》が比叡山《ひえいざん》から下りてきて、ここを六角堂まで急いで走った道筋なんだ」と思うと、一木一草にまで歴史の匂いがしみこんでいると感じます。

京都というと、どうしても京都市だけを想像しがちですが、北へずっとたどっていくと、舞鶴で日本海に接しています。舞鶴の港は、戦後、たくさんの人たちがシベリアから復員してきた受け入れ口で、二葉百合子さんの歌、『岸壁の母』も生まれています。京都市だけを見ていると山に囲まれた古都というイメージがあるんですけれども、実際は日本海までつながる広い府なんです。

こうやって改めて京都を振り返ってみると、京都にヒット曲が多いのは、必然かもしれません。平安時代の今様、そして和讃《わさん》や天台声明《てんだいしょうみょう》からずっと引き継いできたものがあり、いまの音楽があるんだなということを、改めて感じます。それこそ京都の懐の深さというか、文化遺産というものなのでしょう。

滋　賀

琵琶湖の水運と鯖街道で栄える

　私は一時期、京都に住んでいたので、お隣の滋賀県にはしばしば行っていました。滋賀県にはお寺が多く、人口当たりの寺の数が、日本でいちばん多いそうです。お寺の数だけですと、数年前のデータで愛知、大阪、兵庫に次いで、三千二百寺の滋賀県は四位。全国五位の京都（約三千寺）を上回っているんです。

　私の著書の『百寺巡礼』にも、滋賀県のお寺がたくさん出てきます。比叡山延暦寺《ひえいざんえんりゃくじ》から三井寺《みいでら》、石塔寺《いしどうじ》、『源氏物語』ゆかりの石山寺、西明寺《さいみょうじ》、百済寺《ひゃくさいじ》と六カ所あります。京都、奈良はさすがに十カ所ですが。それだけ名刹《めいさつ》がたくさんあるということですし、またそれぞれが、たいへん個性豊かなお寺なんです。

　ここ近江《おうみ》は、古代から豊かな土地で、政治的ドラマの舞台でもありました。それこそ飛鳥《あすか》時代の近江大津宮《おうみのおおつのみや》にはじまり、奈良時代には紫香楽宮《しがらきのみや》などの都がありました。時代を下って戦国時代には、信長に攻め滅ぼされた浅井《あざい》氏の居城・小谷城や、秀吉が造った長浜城、江戸時代には井伊氏の彦根城など、名城もたくさんありました。

　戯曲『蓮如《れんにょ》』を書いたとき、堅田《かたた》などの湖沿いの一帯が舞台なので、取材でずいぶんお寺を回りました。室町時代、本願寺八世の蓮如が、近江の布教に乗り出したとき、他の宗派と対立して、海賊衆といわれた人たちに守られて、難を逃れたこともありました。「海賊衆」は、琵琶湖の水上交通権を押さえていて、都では恐れられた存在だったんです。彼らに、きちんとお金を払いさえすれば、安全に日本海のほうへ往還ができる。当時の人にとっては、大きな琵琶湖は海のような存在だった。だから琵琶湖の水運は、近江と都などの各地域をつなぐ、非常に重要なルートだったんです。

　それで「海賊」も力を持ったわけです。国内だけでなく、中国や朝鮮半島の文化が、日本海から琵琶湖経由で、どんどん近江に入ってくる。だから渡来系の文化が、古寺に残っていることが多いんですね。延暦寺の開祖・伝教大師《でんぎょうだいし》最澄も、渡来人の末裔《まつえい》だったそうです。

　もう一つ、他地域とのルートには、米原《まいばら》から琵琶湖の横を通って北陸の敦賀《つるが》のほうへ抜けていく街道がありました。いわゆる「鯖《さば》街道」です。他地域とつながるルートが豊富だったことが、滋賀の歴史的な活力の源だったともいえます。

詩吟の道場の多い町、長浜

ここで、滋賀県の近江八幡市出身の、岡林信康《おかばやしのぶやす》さんの歌をご紹介しましょう。

山谷ブルース　（作詞・作曲＝岡林信康）

今日の　仕事はつらかった
あとは焼酎を　あおるだけ
どうせ　どうせ　山谷のドヤ住《ず》まい
ほかにやること　ありゃしねえ

一人酒場で　飲む酒に
かえらぬ昔が　なつかしい
泣いて　泣いて　みたってなんになる
今じゃ山谷が　ふるさとよ

六〇年代末のデビュー当時は、強烈な反体制のイメージが強かったんですが、いまこの曲を聴くと、意外と叙情的に聞こえます。エレジー、哀歌という感じでしょうか。「一人酒場で飲む酒に」という歌詞など、美空ひばりの『悲しい酒』の世界と重なります。

岡林さんは、その後一時芸能の世界から遠ざかりますが、復帰後は一転して、歌謡曲を手がけ、美空ひばりと組みました。

「どうして反体制のフォークから、体制側の演歌へ？」と、賛否両論、大きな話題を呼びました。それは岡林さんの、もともとの音楽的な資質に沿った自然なもので、決して「芸能界的な戦略」ではなかったんだなあと、『山谷ブルース』を聴くと思います。

滋賀県というところは、古くから、都やお城があったから、昔ながらの文化が引き継がれています。昔、長浜に行ってびっくりしたんですけれど、詩吟の道場が何カ所かあるんです。秀吉の長浜城の城下町だったとはいえ、いまどき詩吟の道場がある町は珍しいですね。また大津というところも琵琶湖に面して大津港があり、昔は、東海道の宿場だったので、清潔感があって、静かで、風流なところです。私がいま、京都の大学生だったら、いまは大津も大都市ですけれど大津あたりに下宿して通いたい気分です。

かつて滋賀県の人口は、「（日本の）一パーセント県」と言われて少なかったんですが、交通が便利になって京都、大阪のベッドタウンとなり、どんどん人口が増えるという、いまどき珍しい都市なんです。

「三方よし」は、近江商人の行動哲学

滋賀と言えば近江商人とよく言われます。この近江商人の活動拠点は、全国規模で広がっていて、北海道の江差《えさし》や、小樽《おたる》などの百年以上前の立派な倉庫街や問屋跡も近江商人に関係したものだそうなんです。

実業界でも創業者がずいぶんたくさん出ていて、伊藤忠・丸紅の創始者伊藤忠兵衛がそうです。デパートの高島屋の屋号は、始祖の飯田新七の義父の出身・高島郡にちなんだそうです。西武グループ創業の堤康次郎、東急百貨店の前身・白木屋《しろきや》の大村彦太郎、衣料品メーカー・ワコールの塚本幸一、ヤンマー創業の山岡孫吉、日本初の旅行会社・日本旅行の南新助、ふとんの西川の西川甚五郎など、枚挙に暇《いとま》がありません。塗り薬のメンソレータムの近江兄弟社は、滋賀県に英語教師としてアメリカから赴任した伝道師のヴォーリズ創業です。今では、学校や病院も運営されています。

大阪の船場や御堂筋《みどうすじ》あたりは、東アジア随一のビジネスセンターと言われていますが、近江商人系の店が軒を連ねています。

ジャーナリストの田原総一朗さんは、彦根市の出身ですが、田原さんと話していたとき、近江に伝わる「三方よし」の話が出ました。商人のモラル、「売り手よし、買い手よし、世間よし」ですね。田原さんが「祖母から、よくその話を聞かされて、今日まで私もその流儀でやってきたんです」とおっしゃっていました。

伊藤忠の創業者が、「商売忘れても、念仏は忘れるな」と言っていたように、信仰心の厚い土地柄を反映しているようですね。単に「お金さえもうかればいい」という考えと、一線を画している、すばらしい商人倫理・道徳だと思います。

草津市出身の、山崎まさよし（将義）さんの歌『セロリ』をご紹介しましょう。

セロリ　（作詞・作曲＝山崎将義）

育ってきた環境が違うから好き嫌いはイナメナイ
夏がだめだったりセロリが好きだったりするのね
ましてや男と女だからすれちがいはしょうがない
妥協してみたり多くを求めたりなっちゃうね

何がきっかけでどんなタイミングで
二人は出逢《であ》ったたんだろう

やるせない時とか心許《こころもと》ない夜
出来るだけいっしょにいたいのさ

がんばってみるよ　やれるだけ
がんばってみてよ　少しだけ
なんだかんだ言っても　つまりは単純に
君のこと好きなのさ

琵琶湖に育まれた多様な文化

滋賀県は地域的に、湖北とか湖東、湖西、湖南と分けられ、それぞれ多様な意識があるようです。琵琶湖という存在が、周辺の風土を分割して、それぞれに、少しずつ異なる文化を育てる役割を果たしたのかもしれません。

滋賀県出身の芸能系の方では、新国劇を興した澤田正二郎が、大津市の出身です。私の『四季・奈津子』を映画化（東陽一監督《ひがし》）したときの主役、烏丸せつこさんも大津市出身でした。

文筆で活躍している人も多い。児童文学の父といわれる巌谷小波《いわやさざなみ》は、父が近江水口藩の藩医でした。『細うで繁盛記』などのドラマの脚本家・花登筐《はなとこばこ》が大津市、官能小説の大家・団鬼六《おにろく》が、彦根市の出身です。巌谷小波、花登筐、団鬼六と、それぞれ一家を成す個性的な物書きです。個性的とは、言葉を変えれば人と同じことをしたくない方なのかもしれませんが……。

教育評論家で「尾木ママ」と言われている尾木直樹さんが、米原市出身です。

美術の人材では、染織の人間国宝・志村ふくみさんが近江八幡市、日本画の小倉遊亀《ゆき》さん、海外で活躍している洋画家のヒロ・ヤマガタさんが、米原市の出身です。

米原というと、以前はJRの東海道本線から北陸本線への乗り換え駅で、冬の夜、雪が降り積もったプラットホームで列車を待っていると、旅の情感がなかなかにあったものです。新幹線が通ってからは、その手前の関ヶ原あたりでよく雪で止まりますけれどね。

作詞家の細川雄太郎さんが、日野町の出身です。『ちんから峠』『あの子はたあれ』など童謡をたくさん書いています。川田姉妹が歌った『あの子はたあれ』は、子どものときによく聞いたものです。

あの子はたあれ　（作詞＝細川雄太郎　作曲＝海沼實）

あの子はたあれ　たれでしょね
なんなんなつめの　花の下
お人形さんと　遊んでる
かわいい美代ちゃんじゃ
ないでしょか

鮒ずしは古代から伝わる食文化

食べ物といえば、近江牛はおいしいですね。滋賀は関西の米どころでもあり、ブランドの近江米、また、昔ながらの近江野菜を栽培しています。日本茶の発祥の地と言われ、かつて秀吉が愛飲した「政所茶《まんどころちゃ》」や土山茶《つちやまちゃ》、また焼物で有名な信楽《しがらき》でも、お茶を産するそうです。

近江の方は、鮒《ふな》ずしが食卓にないと済まないといいます。一度ご馳走《ちそう》になったんですが、そのにおいにちょっと苦労しました。きっと慣れればすごく恋しくなるんでしょう。そんな独特の食文化が、古代から大事に守りつがれているんですね。

滋賀を代表する歌といえば、なんといっても『琵琶湖周航の歌』でしょう。京都編でも引用しましたが、旧制三高のボート部の歌です。ご当地ソングとして、改めてご紹介しましょう。

琵琶湖周航の歌　　（作詞＝小口太郎　作曲＝吉田千秋）

我は湖の子　放浪の
旅にしあれば　しみじみと
昇る狭霧や　さざなみの
志賀の都よ　いざさらば

松は緑に　砂白き
雄松が里の　乙女子は
赤い椿の　森陰に
はかない恋に　泣くとかや

県民性はまじめで勤勉、数字に明るく文に長《た》け、着実で研究心旺盛。女性も正直で働き者。勤労者世帯の一世帯当たりの貯蓄高が、全国一だそうです。一生懸命働いて一生懸命貯《た》めるけれど、旅行や行楽、スポーツに行く行動率というのも、全国一位だそうです。

念仏に限らず、仏教諸派が栄えました。琵琶湖という水路を通じて、朝鮮半島や大陸の沿海州、シベリアと交流があり、人の交流が盛んな土地でした。近江商人の例をみればわかるように、移動、交易に高い能力を発揮した、近江人の県民性をつくづく感じます。

大　阪

動作も歌もテンポのいい大阪人

「歌の旅びと」をラジオ深夜便で始めてから、あちこちで「大阪はいつですか」と、よく聞かれました。大阪は歌の宝庫と言っていいくらいに、ゆかりの歌がたくさんありますから、大阪の人でなくても、大阪の歌を聴きたいと思っているんですね。

大阪は、四国の香川に次いで、二番目に面積が狭い都道府県ですが、人口は東京、神奈川に次いで、全国三番目の多さ。狭いところにたくさん人が住んでいて、活力がみなぎっているんですね。

昔、私のような九州の人間が都会へ出る場合の行き先は、東京よりまず大阪でした。九州から大阪や東京へは、国鉄時代の「玄海」や「阿蘇」で行ったものです。当時は蒸気機関車が引っ張るわけですから、大阪までは約十二時間、東京までは二十四時間ぐらいかかったものです。おじが大阪にいたので、東京に行くときにも、いったん大阪で降りて、ぶらぶらと見物するのが楽しみでした。

西の中心だからでしょうが、大阪をテーマにした歌はたくさんあります。しんみりした恨み節より、バイタリティーにあふれた、元気のいい歌が多いような気がします。そんな元気な大阪の歌のナンバーワンといえば、海原千里《うなばらせんり》（上沼恵美子《かみぬま》）・万里《まり》さんが歌う『大阪ラプソディー』ではないでしょうか。この歌からは、にぎやかな町並みが見えてくるようです。

大阪ラプソディー　（作詞＝山上路夫《みちお》　作曲＝猪俣公章《いのまたこうしよう》）

あの人もこの人も
そぞろ歩く宵の街
どこへ行《ゆ》く二人づれ
御堂筋は恋の道
映画を見ましょうか
それともこのまま
道頓堀まで　歩きましょうか

七色のネオンさえ
甘い夢を唄ってる
宵闇の大阪は　二人づれ恋の街

大阪人の気質というと、「いらち」という言葉が頭に浮かびます。「せっかち」という意味のようで、大阪人は歩くのも速いそうです。九州の人間も気が短いですが、大阪の人はそれだけじゃなくて、動作が素早い。レジを挟んで、払うほうも受け取るほうもテンポがあって、見ていて気持ちがいい。この歌も、テンポがあっていいなと思います。
以前、知人が大阪市内の道路で車を運転中、車線を変更したくてウィンカーを出しても、なかなか入れてもらえないことがあったのだそうですが、ちょっとした隙間にサッと入ると、「うまいことやりよる」って感心されるようなところがあるんだそうです。おもしろい町だと思いますね。

御堂筋は宗教都市の名残
欧陽菲菲《オーヤン・フィーフィー》さんが歌う『雨の御堂筋』も、テンポがいい曲です。

雨の御堂筋　（日本語詞＝林春生《はるお》　作曲＝ザ・ベンチャーズ）

小ぬか雨降る　御堂筋
こころ変わりな　夜の雨
あなた……あなたは何処《どこ》よ
あなたをたずねて　南へ歩く
（略）
ああ　降る雨に　泣きながら
肌《み》をよせて　傘もささず
濡《ぬ》れて……夜の
いちょう並木は　枯葉をおとし
雨の舗道は　淋《さみ》しく光る
あなた……あなたのかげを
あなたを偲《しの》んで　南へ歩く

御堂筋というのは、東京で言えば銀座のようなものですが、昔は文字どおり、「御堂」をつなぐ道でした。本願寺の北御堂（西本願寺津村別院）と、南御堂（東本願寺難《なん》波《ば》別院）の間をつなぐ道なので、御堂筋と言われるようになり、周辺には寺内町《じないまち》が生まれました。やがて日本を代表する製薬会社や繊維会社が集まり、さらに証券会社や銀行もできて、現在では、アジア有数の一大ビジネスセンターになっています。これが大阪の町の歴史なんです。

いま、大阪城が大阪のへそのように言われていますが、あのあたりはもともと本願寺があったところでした。「大坂」という地名を初めて使ったのは、その本願寺中興の祖、蓮如上人だと言われます。御堂筋も、心に信心を抱く人たちが通った道筋なんです。こうしたことから、大阪は商売の町というだけでなく、宗教都市であるというのが私の意見です。

もとは宗教都市と言っても、もちろん昔から商業の地としても栄えていました。江戸時代に、堂島に設置された米市場では、全国から集まる現物の米が売買されただけではなく、これから市場に入る先物まで取り引きされていたんです。いまは常識になっている、商品の先物取引の先駆けだったと聞きます。

大阪湾に面した堺《さかい》も、早くから商業が盛んだったようです。堺は、大名からの干渉を受けずに、町自体が自治運営していた、特異な町でした。町を守るのも自分たちですから、武器の交易なども盛んだったようです。

盛り場に咲いた大阪の歌

「京の着倒れ、大阪の食い倒れ、神戸の履き倒れ」とはよく聞きますが、「京都十代、東京三代、大阪一代」という言葉もあるそうです。大阪に来た人は、すぐ土地に慣れるという意味だとか。

わかる気がします。大阪の人はおいしいものが大好きで、外でごはんを食べることが多いように思います。家族揃《そろ》って気軽に外食をするから、大阪の盛り場がにぎわっているんじゃないでしょうか。

通天閣（浪速区《なにわ》）のあたりを歩くと、将棋を指せる場所が目につきます。『王将』のような、勝負師をテーマにした歌もあります。通天閣と言えば、初代のものが建設されて、二〇一五（平成二十七）年で百年余だそうです。あの界隈《かいわい》には大衆演劇の芝居小屋もあって、若いころ芝居をのぞいたり、歌を聴いたりすると、何かホッとしました。東京の浅草と同じように、日本人の心のふるさとにつながる、入り口だったんです。雑然とした感じがいいんですね。

私が学生のころですから昭和二十年代ですけれど、ミナミにはダンスホール、いまで言うならライブハウス「ナンバ一番」という店があって、その後ザ・タイガースとしてデビューする前の、沢田研二さんたちが出演していました。

大阪からは、歌い手さんがたくさん出ています。大月みやこさん（八尾《やお》市）、川中美幸さん（吹田《すいた》市）、中村美律子《みつこ》さん（東大阪市）、それから、和田アキ子さん、綾戸《あやど》智恵さん（いずれも大阪市）、谷村新司さん（河内長野《かわちながの》市）。個性が光る人たちばかりですが、大阪という土地が作り出すんでしょうね。

理由の一つには、大阪の町が、自然の力によって形成された町というより、人工の町だということがあると思います。その昔、湿地帯だった大阪は、河川の改修や堀の掘削を行い、運河を網の目のようにはりめぐらせた、ベニスのような町でした。人間が作り上げた町の人間臭さ。そのことが、大阪出身の歌い手さんの個性に、反映しているのかもしれません。

よく京都の人はプライドが高いと言われますが、大阪の人も気位が高い。東京に対する対抗意識みたいなものもあって、上方が日本の文化の中心だ、という誇りを持っているんです。大阪は商売や実業だけではなく、文化的にも深い土壌があり、そのうえに咲いたのが、大阪の歌の世界なんですね。

「大阪のおばちゃん」の人生哲学

ピアニスト・作曲家の加古隆《かこたかし》さんも大阪出身です。加古さんはクラシック音楽を学んだ後、フランスでジャズを勉強してこられたユニークな方です。私の『大河の一滴』を映画化したときに、曲をお願いしたんですが、加古さんは「初めてマイナーコードの曲を書きました」とおっしゃっていました。加古さんが作曲した『大河の一滴』は、このラジオ深夜便の「歌の旅びと」前シリーズの、「わが人生の歌語り」のテーマ曲にも使わせていただきました。加古さんの曲は、こてこての大阪のイメージとは、ずいぶん違うように感じられる方が多いのではないでしょうか。

大阪には多彩な表情があります。芸能、アートの世界をはじめ、作家も綺羅星《きらぼし》のごとく出ています。古くは『好色一代男』などの浮世草子、俳句の作者・井原西鶴《さいかく》。近現代では直木三十五《さんじゅうご》、川端康成、開高健、司馬遼太郎、黒岩重吾《じゅうご》（いずれも大阪市）。脚本家の橋田壽賀子《すがこ》さんは堺市の出身です（生まれは現・韓国ソウル）。

さて大阪の人が歌っているにもかかわらず、『東京』というタイトルの曲があるんです。歌っているのは、大阪市出身のやしきたかじんさん。毒舌が有名で、なんともいえない独特のユーモアと切り口をお持ちの方でした。私はそこが好きで、彼が東京でテレビ番組に出ていたとき、欠かさず観《み》ていました。その番組の中でこの『東京』を歌っていたんです。非常にモダンな曲で、大阪から見ると、東京とはこういうふうに映っているのかな、と感心しました。大好きな曲です。

東京　（作詞＝及川眠子《おいかわねこ》　作曲＝川上明彦）

あんたとなら
いつ死んでもかまわへん
忘れないで
そんな女いたことを
見上げた空さえも
冷たい色やけど

あたしが本気で惚《ほ》れたひと
そう生まれた街やから

いとしさも　憎しみも
すべてすべて　ぎゅっと抱きしめ
祈るように　今日も灯《ひ》が
ともる東京

やしきさんって、こんなに歌がうまかったのかとびっくりするほど、甘い声です。高音の伸びもすごくきれいです。歌い手さんとしても人気のある方でした。

ところで、「大阪のおばちゃん」という言い方があります。何かの番組で、大阪ではある年齢以上の女性は、ピンク・レディーの『サウスポー』を振り付けどおりに踊れる、という噂はほんとかどうか試したらしいのです。それらしい年齢のご婦人方に「やってみてください」と頼むと、噂どおり、みなさんノリもよく踊られたということです。なるほど、テレビの街頭インタビューを見ていても、必ず、ちょっと笑いを挟んだ受け答えをする。サービス精神がすごいんですね。

大阪の人は、〝ばか〟を演じることを、おもしろがっているのではないでしょうか。「人間なんて、なんぼのもんか。気取ってどうする」という、ある種の諦念《ていねん》といいますか、そんな人生哲学があるのでしょうか。なにしろ文楽が生まれ、上方落語が生まれた土地ですから。

あの明るさの裏には、深いものがあるのだ、とつくづく思います。そこが何ともおもしろいですね。

兵庫

姫路城からモダンな神戸と多様な地域

兵庫県は南北に長く、日本海にも瀬戸内海にも面しています。古くは播磨《はりま》、但馬《たじま》、淡路《あわじ》、摂津《せっつ》、丹波《たんば》にまたがり、地域によって方言も違います。

ともすると神戸だけに関心が集まりがちですけれど、兵庫県は広く、青森県の津軽と南部のように、地域によって各々独特の多様な文化が生まれています。

海に面した地方は、人や物の往来が盛んで、文化度も高かったのでしょう。江戸時代には人形浄瑠璃《じょうるり》・文楽座の創始者、植村文楽軒《ぶんらくけん》が淡路から出ています。廻船《かいせん》業の高田屋嘉兵衛《かへえ》も淡路島の出身で、こちらは小説にもなりました（司馬遼太郎『菜の花の沖』）。

以前、明石を訪ねた折に泊まったホテルで、明石海峡大橋が目の前に見えると言われたんですけれど、節電中で、夜は真っ暗な瀬戸内海を眺めるしかなくて、がっかりしたことがあります。明石といえば、東経一三五度で、日本の標準時の地でもあります。

国宝の姫路城も有名です。美しいお城で、別名を白鷺城《しらさぎ》といい、ドラマで江戸城が舞台になるとき、姫路城で撮影することもあるそうです。最近修復工事を終えて、名実ともに真っ白いお城に甦り、さらに観光客が押し寄せているそうです。

姫路といえば、日本近代の思想史家・哲学者である和辻哲郎《わつじてつろう》さんの出身地です。飛鳥奈良の仏教美術を紹介した『古寺巡礼』は、出征する多くの学徒兵がリュックサックの中に潜ませていたそうです。兵庫からは、作家がたくさん出ていて、横溝正史《せいし》さん、陳舜臣さん、ともに神戸市出身です。

ジャーナリズムの世界では、有名な『月刊神戸っ子』という月刊誌がありまして、東京の『銀座百点』と並ぶ東西の双璧といっていいタウン誌です。日本でリトルマガジンブームが起きる先駆けになりました。

兵庫県出身の産業人も活躍されています。ウシオ電機の牛尾治朗《じろう》さんが姫路市、ＩＴ産業・楽天の三木谷浩史《みきたにひろし》さんが神戸市の出身です。兵庫には新しいものを作っていくエネルギーがあるのでしょう。

アートシーンでは、横尾忠則さんが西脇市の出身で、グラフィックデザインやイラスト、ポスターなど幅広い分野でまさに新しい時代を切り開いた方です。

ファッションの高田賢三さんは姫路市、『暮《くら》しの手帖《てちょう》』の名編集長・花森安治《はなもりやすじ》さん、映画評論家の淀川長治《よどがわながはる》さんは、ともに神戸市の出身です。映画解説のおわりに「さよなら、さよなら、さよなら」という淀川さんとは、NHKの番組でも何度もご一緒しました。外国映画の楽しみを、お茶の間に知らせてくれた第一人者で、あの笑顔が、ぱっと頭に浮かびますね。

映画監督では浦山桐郎《きりお》さんが相生市《あいおい》出身。浦山さんは、『キューポラのある街』などたくさんの名作を残しておられますが、私の『青春の門』を映画化してくださった監督さんでもあります。撮影中はいろいろと議論もしましたね。

『春の海』で有名な、箏曲《そうきょく》の宮城道雄さんも神戸市の出身です。兵庫という土地柄からは、伝統的なものからモダンなものまで、さまざまなものが生まれているんですね。

食べ物では、神戸ビーフはいまや世界的なブランドです。明石のタイやタコ、またスープに入れたたこ焼きの明石焼きもあります。ふわふわっとして、おいしいですね。

日本酒の原料に適した山田錦も兵庫で生まれていますし、水もいいので、灘《なだ》の生一本も昔から有名です。

ヒットメーカーの岩谷時子と阿久悠

歌謡界で兵庫と言えば、岩谷時子《いわたにときこ》さん。お生まれは現在のソウルで、五歳のとき西宮に移り住み、名門校の神戸女学院大学部に進まれました。岩谷さんは頭抜けたスーパースターで、越路吹雪《こしじふぶき》さんの『愛の讃歌』『サン・トワ・マミー』を手がけたのをはじめ、郷ひろみさんの『男の子女の子』などポップなものも書かれていますし、加山雄三さんの『君といつまでも』と、なにしろ次々にヒット曲を作られました。でも、オーソドックスなカンツォーネやシャンソン系統の、時代のエスプリを感じさせる歌もたくさんお書きになっているんです。岸洋子さんの『夜明けのうた』は、その代表的な曲です。

夜明けのうた　（作詞＝岩谷時子　作曲＝いずみたく）

夜明けのうたよ　私の心の
昨日の悲しみ　流しておくれ
夜明けのうたよ　私の心に
若い力を　満たしておくれ
夜明けのうたよ　私の心の

あふれる想《おも》いを　わかっておくれ
夜明けのうたよ　私の心に
大きな望みを　だかせておくれ

岸洋子さんの『夜明けのうた』は、非常にオーソドックスな、朗々とした歌い方です。岸さんは、クラシック音楽の教育を受けているのにもかかわらず、非常に親しみやすい、すばらしい歌い手さんでした。山形県酒田の人で、上背があり、ロングドレスを着こなした姿は、サロン的な雰囲気を漂わせていました（東日本・北陸編／山形参照）。名曲『希望』で一世を風靡《ふうび》した大歌手ですが、岩谷さんの書かれたこの曲が、私はいちばん印象に残っています。

『夜明けのうた』を聴いていると、岩谷さんは瀬戸内海の日の出でも見ながら書かれたのではないかと思えてきます。岩谷さんは、神戸女学院卒業後、宝塚歌劇団の出版部に入られ、劇団機関誌『歌劇』の編集をなさっているときに、越路吹雪さんと出会われたのだそうです。

やがて東宝の文芸部に移られて、そのころ『恋のバカンス』『ウナ・セラ・ディ東京』、森山加代子さんの『月影のナポリ』、ピンキーとキラーズの『恋の季節』、フランク永井さんの『おまえに』などを書かれています。まさに「行くとして可ならざるは無し」と言ってもいいくらい、ジャンルにとらわれない幅の広い作詞家でした。

しかし、そのいずれにも、洒落《しゃれ》たフランス風の香りが感じられ、まさに一時代を画した偉大な詩人です。どの曲もうっとりする美しい言葉が連なり、それでいて、だれもが共感できる思いを綴《つづ》っています。

同じく作詞家として活躍された阿久悠さんも、淡路島は洲本《すもと》市の出身です。阿久さんは、『ジョニイへの伝言』（髙橋真梨子《まりこ》さん）やピンク・レディーの曲など、モダンな作品を多く書かれていますが、『瀬戸内少年野球団』など、小説もお書きになっているんです。

阿久さんが、ポップスの世界で大ヒット曲を次々と出していたころ、大先輩から「君ね、歌謡曲を書かなければ、日本の作詞家として一人前じゃないよ」と言われたそうなんです。それで書いたのが藤圭子さんの演歌『京都から博多まで』で、それがきっかけになって、『北の宿から』『津軽海峡・冬景色』が生まれ、阿久さんの一つの柱である、日本的な路線ができたと聞きます。

岩谷さんが、幅広いジャンルに歌詞を提供したことと、共通するものがあるような気がします。いろんなものを、どんどん受け入れるのは、海に近く、世界に開かれた兵庫や神戸の土地柄かもしれません。

郷愁さそう『赤とんぼ』

流行歌は「流れ行く歌」で、あるとき一世を風靡しながら、十年、二十年、三十年たつと、そのことをみんなが忘れてしまう。そこが流行歌の宿命でもあり、また栄光でもあるという気がします。やがて消えていくからこそ、ひとときの輝きがまばゆいわけですね。

一方で、変わらない魅力というものもあります。数多くの童謡を書かれた三木露風《ろふう》さんは、たつの市出身で、『赤とんぼ』などの名作があります。

赤とんぼ　（作詞＝三木露風　作曲＝山田耕筰《こうさく》）

夕焼　小焼の
赤とんぼ
負われて見たのは
いつの日か

山の畑の
桑の実を
小籠《こかご》に摘んだは
まぼろしか

かつてNHK教育テレビ「うたって・ゴー」という番組で、歌のおねえさんをしていらした江原陽子さんが歌う『赤とんぼ』は、味わい深くて、つい郷愁にさそわれます。「負われて見たのは いつの日か」「まぼろしか」という歌詞を聴いていると、自分たちの生きている時代がいつかはまぼろしのような過去になっていくのだろうかと、ふっと感じますね。

幼いころ、そろそろ日も暮れてきたというとき、どこからともなくこの曲が流れてきて、おうちに帰らなきゃという気分になったものです。思わず、「おかあさーん」と言いたくなりますね。

かつては、一時代を画した〝童謡運動〟というのがあったんですけれど、いまは昔のことになりました。

海につながり、明るさを感じる神戸

音楽家・浜口庫之助《くらのすけ》さんは、神戸市の出身ですが、作曲家という枠にはまらず、作詞もされて、才能豊かな方でした。『黄色いさくらんぼ』のようなモダンな曲を思い出しますが、石原裕次郎さんの歌で有名な『夜霧よ今夜も有難う』は作詞・作曲ともに浜口さんの曲なんです。

夜霧よ今夜も有難う　（作詞・作曲＝浜口庫之助）

しのび会う恋を
つつむ夜霧よ
知っているのか
ふたりの仲を
晴れて会える
その日まで
かくしておくれ　夜霧　夜霧

僕等はいつも
そっと云《い》うのさ
夜霧よ今夜も有難う

兵庫や神戸と聞くと、私たちが頭の中で思い描くのは、明るいイメージです。広々とした海と神戸港、瀟洒《しょうしゃ》な異人館のたたずまい、六甲山からの夜景、疲れをいやしてくれる有馬温泉もある。そして、そこから非常に多彩な人脈が生まれてきている。兵庫県ゆかりの歌を聴いていると、そんなことを感じます。私は神戸によく行きますが、ジャズやシャンソンのいいお店がけっこうあるんです。

兵庫は、阪神・淡路大震災で大きなダメージを受けました。あれからもう二十年以上もたつんですけれども、見事に復興して、また現在の明るさを作り上げているのはすばらしいと、いま、あらためて思います。

紀伊半島を訪ねて

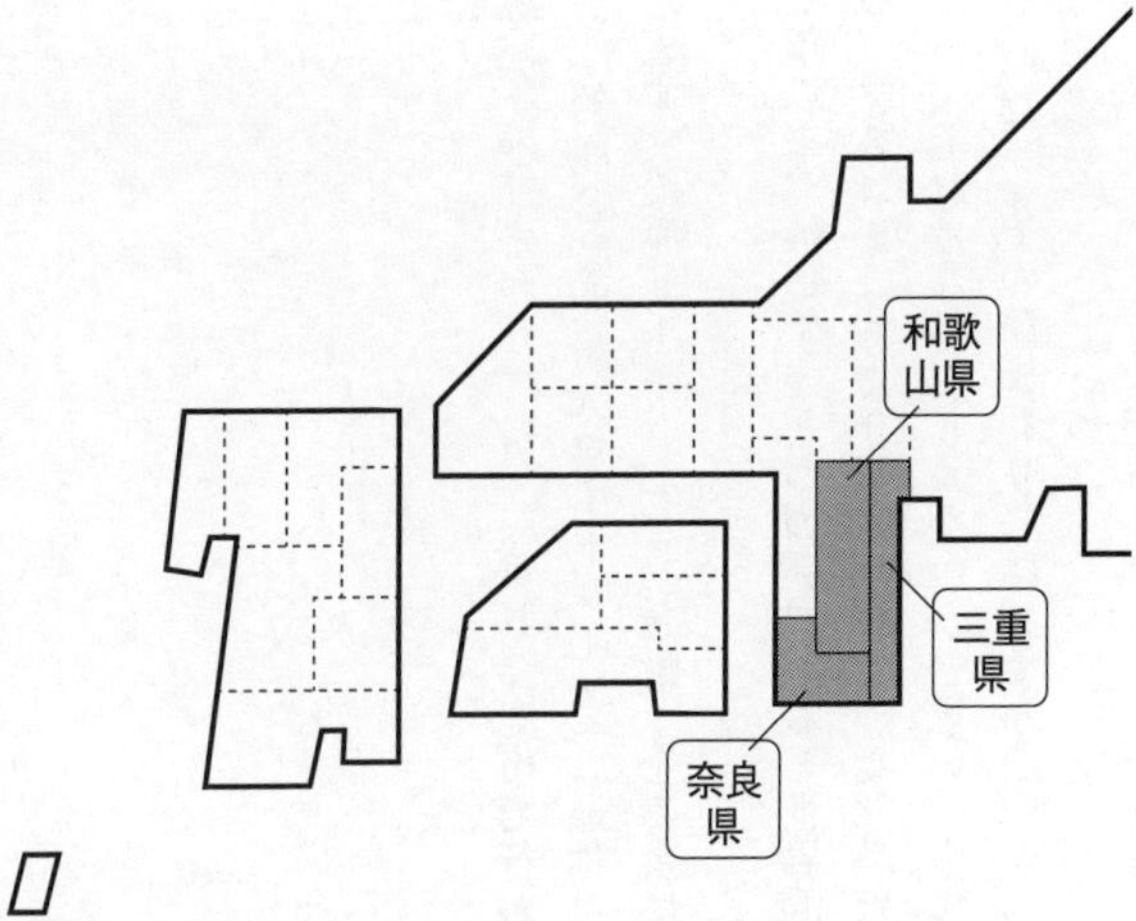

三重

世界的な大イベント「鈴鹿8耐」

私の作品の中で、わりと珍しい恋愛小説『冬のひまわり』に、三重県鈴鹿《すずか》市で行われるオートバイの八時間耐久ロードレースの「鈴鹿8時間耐久ロードレース」（通称「鈴鹿8耐《はちたい》」や「8耐」と呼ばれる）が出てきます。鈴鹿サーキットと「8耐」を舞台に据えた、思い出多い作品です。

「鈴鹿8耐」は、一九七八（昭和五十三）年以来、毎年ずっとつづいている、世界的な大イベントです。それなのに、最初のころ、マスコミはあまり報道しなかった。私は自動車やオートバイのレースが大好きですから、それはないんじゃないかと思い、応援団のつもりで、8耐のことをいろいろ書いていた。『冬のひまわり』は、そんな中から生まれた小説です。

とにかく、モータースポーツファンにとっては、絶対見逃せないレースです。若くてお金のないファンたちが、一年間一生懸命貯金して、それこそ沖縄から北海道まで、全国からオートバイに乗って、鈴鹿目指してつめかけるほど、熱の入るレースなんです。七月の炎天下で八時間つづきますから、見るほうにとっても大変な耐久レースです。文字どおりの、「熱戦」です。一九八〇年代から一九九〇年代初頭は、日本のバイク人口のピークの時代という背景もあって大いに盛り上がり、一九九〇（平成二）年の決勝レースは、当時の鈴鹿市の人口をはるかに上回る、十六万人の観客動員数を記録するほどの盛況をみせました。鈴鹿サーキットのスタンドには、『冬のひまわり』の小説にちなんで、主人公カップルが出会った場所として、記念プレートが置かれているそうです。

鈴鹿市とはいろいろご縁があり、鈴鹿国際大学（現・鈴鹿大学）の教授として招いていただいたり、市内に私の記念文庫「五木文庫 鈴鹿」も作っていただいたりしています。国際大学は、夏休みの集中講義で、一日しゃべりっぱなしで、一週間ぐらいやっていた時期もありました。「五木文庫」のほうは、龍光寺《りようこう》という禅寺に、読者の方たちが、私の本を集めて自由に読めるコーナーを作ってくれたんです。このお寺には、明治時代のユニークな文人で、鈴鹿出身の斎藤緑雨《りよくう》の著書や書簡を展示した、緑雨亭もあります。

斎藤緑雨は、小説家であり評論家でもあったのですが、常識にとらわれない独特の視点をもち、樋口一葉を早くから認め、親交も深かったようです。機知に富んだユニークな人物だったようですが、三十六歳で早逝しました。

鈴鹿市には一時期、文化に深い関心を持った市長さんがいらしたこともあり、その任期の一九九二(平成四)年から四年間、斎藤緑雨賞という文学賞を市が主催していたんです。私も審査員の一人でした。いまは亡き平岡正明さんなど、他の文学賞では対象にならないような、異彩を放つ人たちを受賞者に選んで注目されていたんです。その後市長が替わって、文化政策の変更とか財政問題とかを理由に、廃止されてしまい残念です。

三重県ゆかりの歌といえば、松阪市出身、田端義夫さんが歌う『かえり船』がありま す。田端さんは「バタやん」の愛称で、みんなに愛されていました。胸に抱えたエレキギターを爪弾《つまび》いて、何とも言えない音色でイントロを奏で、独特の節回しで歌う。私のように、戦後外地から引き揚げてきた人間は、この曲を聴くたびに胸がいっぱいになったものです。

かえり船　(作詞＝清水みのる　作曲＝倉若晴生《くらわかはるお》)

波の背の背に　ゆられてゆれて
月の潮路の　かえり船
霞《かす》む故国よ　小島の沖じゃ

夢もわびしく　よみがえる
捨てた未練が　未練となって
今も昔の　切なさよ
瞼《まぶた》合わせりゃ　瞼ににじむ
霧の波止場の　銅鑼《どら》の音

数多の古人が行きかった熊野古道

三重県は、南北に一六〇キロもあります。伊勢神宮あり、志摩あり、世界遺産の熊野古道ありと、多彩な土地です。伊勢路はお伊勢参りにも熊野詣でにも使われ、昔から人の行き来の多かったところです。最近では、二十年に一度の、伊勢神宮の式年遷宮が話題でした。その様子をテレビで拝見しましたが、独特の厳粛な雰囲気があります。社殿や装束、神宝《しんぽう》などすべてを二十年おきに作り直すことで、それらを作る技術が継承されていくんです。

日本最古の神社と言われる花《はな》の窟《いわや》神社が、熊野にあります。『日本書紀』にも記され、世界遺産になっています。かつて私は、紀伊半島を舞台にした『風の王国』という小説を書くのに取材をした折、熊野古道のあたりを繰り返し歩いたんです。古代から人々が通っている道には、なんとも言えない雰囲気がありますね。奈良・平安時代の人も、ここを歩いて通ったのかと思いながら歩くと、一見なんでもない木立や風景も感慨が深い。

三重県は、知的な雰囲気のある土地柄です。講演会を開けば、必ず多くの方が来てくださいます。知的好奇心が強いんですね。昔、大坂や京都で財を成しても、それだけでは尊敬されなかった。ですから伊勢松坂あたりの学者から、『源氏物語』や『古事記』『万葉集』を学ぶことで、ようやく社会的な信用やステータスができるという雰囲気があったようです。現在の松阪市に生まれた、江戸時代最大の国学者、本居宣長《もとおりのりなが》も、そんな学者の一人だったんでしょう。三重県ゆかりの文学者を挙げると、松尾芭蕉が現在の伊賀市の生まれ。江戸川乱歩が名張《なばり》市、丹羽文雄が四日市市の出身です。

丹羽さんは文壇の大重鎮でした。真宗のお寺の出身で、『親鸞』『蓮如』など、宗教者を描いた重厚な作品があるし、その一方で、流行作家としても名を成した方です。

注目の作家が、四日市市出身の笙野頼子《しょうのよりこ》さん。群像新人文学賞、野間文芸新人賞、三島由紀夫賞と有力な新人賞をはじめ、芥川賞、泉鏡花文学賞などを受賞されています。

笙野さんは、新しい文学の傾向を代表する作家の一人です。三重県には、どこか、後進を育てる文学的土壌があるようです。

松阪市出身の歌手、あべ静江さんが『コーヒーショップで』を歌っていましたね。

コーヒーショップで　（作詞＝阿久悠　作曲＝三木たかし）

古くから学生の　街だった
数々の青春を　知っていた
城跡《しろあと》の石段に　腰おろし
本を読み涙する　人もいた
そんな話を　してくれる
コーヒーショップの　マスターも
今はフォークの　ギターをひいて
時の流れを　見つめてる

ロシア女帝に謁見した大黒屋光太夫

三重県からは、高名な映画監督がずいぶん出ています。戦前から五十年以上活躍した、『地獄門』の衣笠貞之助《きぬがさていのすけ》が亀山市、『東京物語』の小津安二郎は松阪市の育ち、『ビルマの竪琴《たてごと》』の市川崑《こん》さんや、宮崎駿《はやお》さんと並んで世界的なアニメーション作家・高畑勲《いさお》さんも伊勢市、元NHKのドラマ演出家・和田勉《べん》さんが松阪市の出身です。私の小説『朱鷺《とき》の墓』がNHKでドラマ化されたときは、演出を手がけたのが、若き日の和田さんでした。

小津安二郎は東京生まれですが、実家は由緒ある伊勢の商家だそうです。伊勢は、商いの伝統のあるところですから、江戸時代の大商人には、大坂、近江と並んで伊勢出身者が多かった。三井財閥の基礎を築いた三井高利も松坂から江戸に出て、呉服屋を開店。商売上手で大繁盛し、その店がのちの三越になりました。

海運輸送の先駆者と呼ばれる、江戸時代の河村瑞賢《ずいけん》が、南伊勢町出身。お盆の精霊《しょうりょう》送りのウリやナスが、河口に大量に浮いているのを回収して、漬物にして売ったのが商売の始まりだったそうです。いま聞いても、エコな才能ですね。

江戸時代の海の商人といえば、大黒屋光太夫《こうだゆう》を思い出します。現在の鈴鹿市の人で、遭難してロシアに流れ着き、シベリアを横断。はるばる首都のサンクトペテルブルクまで行って、女帝エカテリーナ二世に謁見して、遂に帰国を許されるんです。井上靖が、その経緯を小説『おろしや国酔夢譚《すいむたん》』で描きました。私も光太夫を、『ソフィアの歌』という作品でとりあげています。光太夫がロシアから持ち帰ったとされる、「ソフィアの歌」という曲にまつわる物語です。

冒険家ですと、これも江戸時代に蝦夷地《えぞち》を探査した、松浦武四郎《たけしろう》が松阪市出身です。

そして、女性のお洒落に欠かすことのできない伊勢志摩の真珠、ミキモト・パール。鳥羽市出身の真珠王・御木本《みきもと》幸吉さんは、真珠の養殖に取り組んで、「世界中の女性の首を飾ってみせる」と公言し、それを実現なさった方です。

俳優では、植木等《ひとし》さんが伊勢市の出身。植木さんの家は浄土真宗のお寺で、僧侶だったお父さんの徹誠《てつじょう》さんは、戦時中、檀家の出征兵士の前で「戦争は集団殺人」「人に当たらないように鉄砲を撃つこと」と説いた人だったそうです。また全国水平社の活動にも参加するなど、差別に反対する闘士でした。

三重には浄土真宗のお寺がたくさんありますが、高田派本山の専修寺《せんじゅ》は、親鸞上人の肖像や真筆を多数保管し、その教えを忠実に受け継いでいるといわれています。私は『百寺巡礼』でも訪れていますが、戦国時代のお城のような、堂々たる構えで、びっくりします。

志摩市出身、西岡恭蔵《きょうぞう》さんの曲『プカプカ』は、とてもユニークな曲です。七〇年代初めに流行《はや》りました。

プカプカ　（作詞・作曲＝西岡恭蔵）

おれのあん娘《こ》は　タバコが好きで

いつもプカ　プカ　プカ
体に悪いから
やめなって言っても
いつもプカ　プカ　プカ
遠い空から　降ってくるって言う
「幸せ」ってやつが
あたいにわかるまで
あたいタバコをやめないわ
プカ　プカ　プカ　プカ　プカ

つい笑ってしまうような、おもしろい歌です。

豊富な海の幸、海女さんの数も日本一

農産物では本シメジ、ナバナ、花卉《かき》類ではサツキ、ツツジの生産量が日本でトップクラス。伊勢茶の生産量は、全国で三番目だそうです。海産物ではイセエビが全国二位、青海苔は一位だそうです。松阪牛は一頭買いで五千万円とか、とんでもない値段がついたりしますし、志摩の的矢《まとや》かきは、松阪牛、イセエビ、アワビなどと並んでブランド品になっています。昆布の佃煮《つくだに》やハマグリ、アサリのしぐれ煮の名店もあります。なにしろ昔から、朝廷へ海の幸を貢ぎ物にしていた土地柄です。「御食つ国《みけくに》」と呼ばれて、海の幸を税の代わりに朝廷に贈る国が三つあって、若狭国《わかさのくに》（福井県南部）、淡路国、そして三重県志摩半島東部の、志摩国。それぐらい海産物が取れたということでしょう。三重県は海女《あま》さんの数も日本一です。

スポーツ選手では、野球の沢村栄治が伊勢市出身です。戦前の伝説のピッチャーです。来日したメジャーリーグ選抜チームを相手に好投し、当時のホームラン王ベーブ・ルースを三振に打ちとった。けれども、二度徴兵されて、体がぼろぼろになってしまったんです。

鳥羽出身の歌手、鳥羽一郎さんは、出身地を芸名に入れているんです。代表曲は『兄弟船』ですが、脚本家の内舘《うちだて》牧子さんが作詞した『カサブランカ・グッバイ』も歌っています。演歌系の歌い手さんですが、この曲でイメージが一新しました。

カサブランカ・グッバイ　　（作詞＝内舘牧子　作曲＝三木たかし）

私はいつも　あなたに言った

別れ話は　みっともないわ
ただ黙って　カサブランカ
置いて行ってね　ドアの前
カサブランカ・グッバイ
別れたい気持　白い花に
カサブランカ・グッバイ
しゃべらないのが　大人の別れ

歌心のある、上手な歌い手は、ジャズを歌っても、シャンソンを歌っても、みんなそれなりに様になるものですね。

三重県は、文化的にも奥深いところで、歴史のある土地柄というのが印象です。私たちはいま物質文明を享受して暮らしていますが、日本文化とは何かと考えるとき、三重県は忘れることのできない「根の国」なのだと、あらためて思いました。

奈良

古代と現代が交錯する『風の王国』の舞台

奈良県は私の作品にけっこう登場しています。とくに思い出深いのは、三十年ほど前に書いた小説『風の王国』の取材のため、奈良県にずいぶん通ったときのことです。当時住んでいた京都から、近鉄電車に乗って通いました。この小説は、奈良県周辺を舞台に、日本の古代と現代が交錯する、スケール感ある内容です。この作品を通し、いろいろな学者の方とお付き合いができて、古墳や寺など、普通では見られない場所までご案内いただきました。

奈良の地理を、ざっとおさらいすると、二上山《にじょうざん》雄岳《おだけ》、雌岳《めだけ》は、奈良県の西、いわば「日の没する方」にあります。昔の呼び方では「ふたがみやま」。近くを日本最古の官道と言われる、竹内街道が通っています。そこから北に信貴山《しぎ》、南に葛城山《かつらぎ》、金剛山と、一連の山脈が河内《かわち》との境目になり、金剛山の山裾《やますそ》には、風の森峠という、じつに風情のある峠があります。南に下って吉野、そして和歌山県境の十津川《とつかわ》郷と、歴史にあふれた土地がつづきます。

奈良市は、北部のほうが平坦《へいたん》な都で、温暖で雨も少ないようですが、南部の十津川のほうは森林地帯で、全国屈指の雨が多い地域です。

『平城山《ならやま》』という歌があります。学生時代に合唱した方も多いと思いますが、奈良の風景が浮かんでくるような、懐かしい歌です。

平城山　（作詞＝北見志保子《しほこ》　作曲＝平井康三郎）

人恋ふ《う》は　悲しきものと　平城山に
もとほり来つつ　たえ難かりき
古《いにし》へも　夫《つま》に恋ひ《い》つつ　越えしとふ
平城山の路《みち》に　涙おとしぬ

シルクロードの終点だった国際都市

奈良県には、木彫の仏像で国宝になっているものの、半分以上があるそうです。正倉院には、シルクロードの渡来物をはじめ、一年通っても見尽くせないくらいの量の御物《ぎょぶつ》があります。奈良県丸ごとが、宝庫のようなところですね。

薬師寺ではいま、東塔が修復中で、西塔は、一九八一（昭和五十六）年に復興されたんですが、その西塔は、奈良の枕詞《まくらことば》である「青丹《あおに》よし」そのままに、緑や赤、黄色に彩色されています。青丹色とは、緑がかった土の色、丹色とは赤土の色をいうそうですが、これを、派手派手しいと非難する人もありますが、そもそも奈良は、瓦《かわら》はキラキラと輝き、五彩華やかな建物が聳《そび》える、豪華な国際都市だったんです。

シルクロードの終点だったから、正倉院に西域のお宝がある。八世紀に、東大寺創建の落慶供養が行われたときには、中国、東南アジアをはじめ、世界各国から宗教人や学者、楽士や演技者などが集まった。現代風に言えば、インターナショナル・フェスティバル。仏教が日本に伝わり、奈良の都に大仏ができたというのは、当時、世界的にも大ニュースだったのではないでしょうか。

世界遺産の東大寺・大仏殿は、世界最大級の木造建造物として注目されています。東大寺といえば、あの修二会《しゅにえ》、通称「お水取り」が、奈良に春を告げる行事として有名です。深夜の暗闇の中に、火の粉を振りまきながら松明《たいまつ》の火が運ばれ、お堂からは修行僧たちの声明《しょうみょう》が響きわたるという、ドラマチックかつエキゾチックな儀式です。いにしえの国際都市・奈良の名残《なごり》が感じられます。

世界最古の木造建築物・法隆寺もまた、世界遺産に登録されています。

奈良の寺ですと、私は唐招提寺《とうしょうだいじ》が好きです。あるとき行ったら修理中で、大工さんが鉋《かんな》をかけていて、その鉋屑《かんなくず》がすごくきれいで、欲しくなって、思わずポケットに入れかけたことがあります。

魅力ある奈良の寺は、大寺だけではありません。山寺ながら、小さな五重塔のある室生寺《むろうじ》は、行くのが大変な場所にありますが、多くの人に愛されています。一九九八（平成十）年に、台風で五重塔の屋根が壊れたというニュースが出たら、全国から寄付がドッと集まったそうです。私もこの寺がたいへん気に入って、よく行ったものです。

一木一草にまで「古代」の逸話が染みついた土地

奈良時代の文学といえば『万葉集』。これは日本の文学史、詩歌の歴史に欠かすことのできないものです。千年以上経《た》った現在でも、多くの日本人に愛されていて、休日に飛鳥へ行くと、万葉ファンがたくさん歩いています。

ここが石川郎女《いらつめ》が走った所だとか、大津皇子《おおつのみこ》が、二上山の山頂に眠っているとか……。一木一草にまで、古代のエピソードが染みついている土地だからこそ、こんなに多くの人を呼ぶのだと思いました。

二上山の麓《ふもと》にあるのが、當麻寺《たいまでら》です。平安時代の中頃、その近くに生まれたのが、『往生要集』の著者、恵心僧都《えしんそうず》源信。その土地にはこんな言い伝えがありました。陽が沈んでゆく二上山の彼方《かなた》には、西方浄土がある。それを聞いて育った源信は、『往生要集』に、極楽浄土と地獄の様子を描き、それが人々の間に定着していったのです。かれは極楽往生のためには、念仏の行に専心すべきであると説き、それが浄土教の基礎となっていったのです。これは、万葉から始まった、奈良の文化や風土が、後の日本人の精神史の基礎を作り上げた、一つの例になると思います。

ハイ・ファイ・セットのメンバーの山本潤子さんは、奈良県天川村出身です。ハイ・ファイ・セットが歌う『燃える秋』という歌は、武満徹さん作曲で、私が作詞をさせていただきました。

燃える秋　（作詞＝五木寛之　作曲＝武満《たけみつ》徹）

燃える秋　揺れる愛のこころ
ひとは出逢《であ》い　ともに生きてゆく

燃える秋　消える愛の蜃気楼《ミラージュ》
ひとは別れ　遠い旅に出る

Oh, Glowing Autumn
And Glowing Love
Oh, Glowing Love
In My Heart, LaLaLu LaLaLu
Glowing Love In My Heart

西光万吉の「水平社宣言」から広がった人権運動

近代以後の、奈良県の文化を語るうえで欠かせないのが、人権運動です。西光万吉《さいこうまんきち》という人が『水平社宣言』を起草し、水平社運動が日本で最初に始まりました。基本的人権に光を当てる運動が、奈良から始まり、日本全国に広がっていったことは、忘れてはいけないと思います。

人権がテーマの長編小説『橋のない川』の作者・住井すゑさんも、奈良の現・田原本町の出身です。学者ではノーベル化学賞の福井謙一さんが奈良市、考古学者で歴史作家でもある樋口清之《ひぐちきよゆき》さんが桜井市、もうお一方の考古学者・網干善教《あぼしよしのり》さんは、明日香村の石舞台古墳のそばのお寺の出身です。網干さんの有名な業績は、橿原《かしはら》考古学研究所時代の高松塚古墳発掘です。網干さんは、インドで長く祇園精舎《ぎおんしょうじゃ》の発掘に取り組まれ、日本を離れていることが長かったため、一般にはあまり知られていないようですが、仏教考古学の第一人者です。私も親しくさせていただき、奈良の古墳を数多く案内していただきました。

実業家では、そごうの創業者・十合《そごう》伊兵衛《いへえ》、武田薬品工業の前身の近江屋創業者の近江屋長兵衛が、奈良県の出身です。

芸術家では、近代陶芸の巨匠・富本憲吉が現・安堵《あんど》町の出身です。明治時代末にイギリスで美術を学び、大正時代には故郷に戻り、陶芸の研究と制作に取り組んでいました。京都生まれの画家・上村松園は、戦時中奈良にアトリエ「唳禽荘《れいきんそう》」を構えていましたし、ゆかりの松伯美術館が奈良市内にあります。

私の『朱鷺の墓』という作品の愛蔵版の表紙は、松園のご子息の松篁《しょうこう》さんに描いていただいているんです。

映画監督の河瀬直美さんは、一九九七（平成九）年、『萌《もえ》の朱雀《すざく》』でカンヌ国際映画祭の新人監督賞を最年少で受賞、二〇〇七（平成十九）年には同映画祭で『殯《もがり》の森』がグランプリに輝きました。知的で落ち着いていらして、いかにも奈良の方という感じがします。

作詞家では松村又一さんが、明日香村の出身です。『凧《たこ》タコあがれ』『お月さん今晩は』など、多くの曲を作っていらっしゃいます。作曲家では、中村泰士《たいじ》さんも、奈良市の出身です。ヒットメーカーとして、いろんな曲を作っておられます。最初は歌手でデビューされたんですが、佐川満男の『今は幸せかい』で、作曲家に転身されたそうで、以後大活躍されました。ヒデとロザンナの『愛は傷つきやすく』も、中村さんの作曲ですね。

愛は傷つきやすく　　（作詞＝橋本淳《じゅん》　作曲＝中村泰士）

自由にあなたを　愛して愛して

私はこんなに　傷ついた
たとえば二人で　命をたてば
微笑《ほほえ》みさえも　消える
よみがえる日々　よみがえる愛
やさしい言葉で　なぐさめつつんで
そして結ばれた

朝な夕なに寺院の鐘が響く町

奈良の食べ物といえば、奈良漬ですが、平城京の跡地から「粕漬瓜《かすづけうり》」と記された木簡が発掘されたそうです。つまり奈良漬は、昔から奈良で食されていたというわけです。シルクロード経由の外国文化のお話をしましたが、仏教や学問以外にも、たくさん入っています。植物、食物、衣服、建築など……。瓦もその一つで、仏教寺院のことを「瓦葺」と呼んでいました。神社が「茅葺《かやぶき》」だからですね。

食べ物に戻りますと、牛乳で鶏肉や野菜を煮る飛鳥鍋も、飛鳥時代に食されたものがもとになっているらしいです。そのほか三輪そうめん、吉野本葛《ほんくず》など、名物がたくさんあります。

私が奈良に行ったとき、いつも買っているのは、柿の葉ずし。奈良に行くと、これだけは食べなきゃいけない気がします。

奈良は、法隆寺のような名だたる大寺あたりでも、ほんのちょっと裏へ回ると、入り組んだ路地や小道に沿って家々が並び、人々が朝な夕なに鐘の音を聞きながら、普通に暮らしておられる。これは、生活感があり、なんとも言えない風情ある風景ですね。

奈良の落ち着いた感じは、京都とはまた別の魅力です。奈良は夜が早いんです。昔から大和の闇は深いと言われ、八時ぐらいになると、町がシーンとしますから、私のような深夜族には、暮らすのに難しいところもある。

もっとも、最近は遊技場やイルミネーションが増えてきて、明るくなってきたところもあるんですが、それでもやっぱり大和の闇は深い。奈良らしさは保ってもらいたいという、よそ者の勝手な思いはありますね。春は吉野の桜、秋は竜田《たつた》川の紅葉など、奈良らしさは残るでしょうけれど。

奈良県は、日本の歴史発祥の地であり、いまもなお、日本人の心のふるさとのような土地なんですね。あらためてそう感じます。

和歌山

弘法大師が開いた高野山金剛峯寺

温暖な土地、和歌山は、地名に「和」の字があり、「歌」の字があり、字面を見るだけで心が和みますね。熊野三山や高野山があり、何度も行っています。高野山に行くのはいまでも大変です。電車とケーブルカーを乗り継いで、さらにそこから奥に分け入っていくと、この世から別世界に行くような感じがします。

弘法大師が高野山を開いたのは九世紀初めですから、千二百年の歴史があるんです。昔は女人禁制で、明治の初めに女性も入れるようになったようですが、しばらくは女性が行きにくい雰囲気だったようです。

いまは一転して、山の上の大きな町といった感じで、人々の賑わいはたいしたものです。昔は朝、宿のしびれるような冷たい水で、顔を洗ったものですが、最近は宿坊の設備もホテル並みに立派になって、ずいぶん変わりました。

もともと高野山には、弘法大師が入山したときに、道案内をしてくれたという狩場明神とかいろいろな神様が祀《まつ》ってありました。「骨のぼり」という言葉があって、地元の亡くなった人たちのお骨を、山の頂に納める場所だったんです。真言宗の大本山金剛峯《こんごうぶ》寺《じ》は、もちろん仏教の修行道場ではあるけれど、神様を祀る神社もあって、いまもお坊さんたちが昔からのしきたりをちゃんと守って、お勤めしているという不思議なところです。

神聖な高野山とともに、勝浦や白浜など、観光客で賑わう温泉があり、和歌山も一言では語れない、いろいろな顔があります。

和歌山市は、紀州徳川家の居城だった和歌山城のあたりなど、とても風情のある町です。昔、茶道の手ほどきをして下さった先生が和歌山の方で、「揉《も》み手《て》」を教わったのを思い出します。商人の揉み手ではありません。お茶の稽古《けいこ》をする前に、手が冷たくかじかんで、大事な茶碗《ちゃわん》を落としたりしてはいけないと、揉み手をして手を温めるんです。楚々《そそ》とした先生が、その美しい手で揉み手をされるのを眺めて、何とも言えない感興を味わったものです。

和歌山市内のいちばんの繁華街が、「ぶらくり丁《ちょう》」と呼ばれています。ブラブラするという意味とか、昔商人が店先に商品を吊《つ》り下げて（ぶらくって）売っていたから、という説もあるようです。その「ぶらくり丁」が歌詞に出てくる、演歌歌手、古都清乃《きよの》さんの歌をご紹介します。

和歌山ブルース　（作詞＝吉川静夫　作曲＝吉田正）

逢いたい見たい　すがりたい
そんな気持ちに　させるのは
ぶらくり丁の　恋灯《こいあか》り
真田堀《さなだぼり》なら　ネオン川
和歌山泣きたい　ああ　やるせない

誰にもいえぬ　おもいでを
夜がやさしく　くれたのも
あなたとわたしの　和歌の浦
夢は消えない　いつまでも
和歌山泣きたい　ああ　やるせない

大志を秘めた海外発信の基地

和歌山は、じつは非常に古い歴史のあるところです。和歌山市内には、全国有数の規模の古墳群（岩橋千塚古墳群《いわせせんづか》）があって、たいへん古くから人が住み着いていたことがわかります。さらにおもしろいのは、古墳時代以降、和歌山から日本各地、さらにアジア諸外国へ出て行く人が多かったことです。日本の海外発信の基地というか、ベースキャンプのような印象を受けます。

時代を下って、明治時代の話になりますと、日高郡美浜町が、北米に多くの移民を送り出しましたが、第二次世界大戦後に帰国した人々が、モダンな洋館を建てて住んだことから、「アメリカ村」と呼ばれました。

地元の方が「自分たちは関西人という感覚はあまりない。海から外を見ている」とおっしゃるのを聞いたことがあります。スケールが大きく、海外に大志を抱かせるような雰囲気のある土地なのかもしれません。進取の気性に富んだ実業家が多く出ています。江戸時代の大商人・紀伊国屋《きのくにや》文左衛門をはじめ、松下幸之助さんが和歌山市、渦巻きの蚊取り線香を考案した上山英一郎さんが現在の有田市、海外進出したレストラン「紅花《べにはな》」の創業者、青木湯之助さんも和歌山出身です。アメリカで成功するのも、和歌山のスタイルなのかもしれません。

大正・昭和期の教育者で、建築家、画家、陶芸家でもあった、西村伊作さんが新宮市《しんぐう》出身です。大正時代に与謝野晶子・鉄幹らと、東京・御茶の水に文化学院を創立された方です。文化学院は自由な校風に加えて、北原白秋、吉野作造、堀口大學、美濃部達吉など、錚々《そうそう》たる人材が教授に名を連ねていて、その後多くの文化人や芸術家を輩出しました。

私は、新宮の西村さんのお屋敷を訪ねたことがあります。これがなかなか素敵なイギリス風の洋館で、庭に小さな舞台があって、シェークスピア劇でもできそうな雰囲気でした。

在野の大学者・南方熊楠の気骨

和歌山出身の代表的な歌手には、坂本冬美さん（上富田町《かみとんだ》）、田川寿美《としみ》さんのお二人がいます。坂本さんの歌は剛で男性的なイメージ、田川さんは柔で女性的。対照的で、双璧をなす歌い手です。

私が作詞を手がけた『女人高野』は、田川寿美さんに歌っていただいています。

女人高野　（作詞＝五木寛之　作曲＝幸《みゆき》耕平）

ひとりで行かせて　この奥山は
女人高野と　申します
愛も　明日も　あきらめて
涙　おさめに　まいります

通りゃんせ　通りゃんせ
ここは　どこの　細道じゃ
若い命を　惜しむよに
花が散ります　はらはらと

燃えて咲くなら　それでいい
枯れて散るなら　それもいい
ここは室生寺《むろうじ》　鐘の音　ああ

恋しくて　切なくて
女人高野の　風に泣く

この『女人高野』ですが、前述しましたように、高野山が女人禁制だった時代が非常に長かったので、女性たちは、遠くから憧《あこが》れて見ているしかなかったんです。その後江戸時代になって、奈良・室生寺に女性が詣でることが許され、ここに参ると高野山と同じご利益があるというので、女人高野と呼ばれるようになった。都から遠く険しい道でしたが、女性たちは幸せを求めて、岩の根にすがり、木をかきわけながら寺を目指したのです。

そんな歴史を背景に、私が作詞して、幸耕平さんが作曲してくださった作品です。田川さんは、すでに『女…ひとり旅』などのヒット曲があった方ですが、この歌は新しい試みでした。そのため毀誉褒貶《きよほうへん》さまざまあったようですが、いまでは、田川さんの代表曲の一つになったのではないでしょうか。

この歌のような、恋の情念でいいますと、歌舞伎の『京鹿子娘道成寺《きょうがのこ》』が思い浮かびますが、物語の舞台の道成寺は、和歌山の日高川町にあります。

道成寺では、安珍・清姫の絵巻物を見せながら、絵解き説法を聞かせてくれます。これがじつにおもしろいものなんです。

南紀あたりでは、いまでも織田信長は許さん、という人がいます。戦国時代のことですけれど、石山本願寺の戦いには、このあたりから鉄砲衆などが加勢に出て、織田軍をずいぶん悩ませた。そこで信長は雑賀衆《さいかしゅう》の本拠地を攻撃して、勢力をそぐことに力を入れた。そのときの恨みが、いまでも残っているのです。そこが紀州の奥深いところです。戦国時代に、鉄砲を使いこなしていたとは、新しい技術を積極的に取り入れる気風だからなのでしょう。新技術でいえば、江戸時代に、世界初の全身麻酔手術に成功した華《はな》岡青洲《おかせいしゅう》も、現在の紀の川市出身です。

南方熊楠《みなかたくまぐす》も、和歌山の人です。熊楠は、一時期イギリスの大英博物館に勤めるなど、明治時代から戦前にかけて、博物学、生物学、民俗学と、幅広く、国際的に活躍した大学者です。

帰国後、民俗学の大家・柳田國男と一時は意気投合しますが、柳田は高級官僚だったせいか、野鄙《やひ》なことが嫌いなんですね。ところが熊楠は、人間の生活を研究する民俗学では、そういうことこそ大事にすべきだ、と考え、柳田と袂《たもと》を分かったわけです。ですから熊楠は、アカデミズムからはずれた在野の学者、アウトサイダー的なイメージが強い。

明治末期の神社合祀《ごうし》令（一九〇六年）で、日本各地の鎮守の森が潰されていったとき、熊楠は大奮発し、反対運動に立ち上がるんです。紀州人の矜持《きょうじ》というか、誇り高き気概が、こうした行動にもよく表れていると思います。

映画監督の東陽一《ひがし》さんも、和歌山の出身。私の小説『四季・奈津子』を、東さんが映画化してくれました。撮影を見に行って驚いたのが、「この部分は脚本なんかいらない」って、小説の一部をビリビリって引き裂いてポケットに突っ込んで、それで撮影するという。本当に型破りな、反骨精神にあふれた映画人でしたね。

山深い紀伊国で生まれた文学

文学者では、放浪の歌人・西行（現・紀の川市）や、『秋刀魚《さんま》の歌』の佐藤春夫（現・新宮市）。『親鸞』をお書きになり、私にとっては先達の津本陽さんは和歌山市、『枯木《かれき》灘《なだ》』の中上健次さんは新宮市、有吉佐和子さんが和歌山市の出身です。有吉さんの『紀ノ川』は、女性の人生を描いた年代記で、ふるさとを舞台に書かれているんですね。小説で方言を全部ストレートに出すと、読者にはわからなくなっちゃうんですが、有吉さんは「○○でごし」と語尾だけ生かすことで、紀州の言葉の雰囲気を伝えていて、上手だなと思いました。

それで私も、九州を舞台にした物語を書くとき、それを参考にさせていただいたんです。語尾に「ばい」をつけると、九州弁っぽくなるというわけです。

日本で初めて、口語による童謡詩を書いた、東くめさんが新宮市の出身です。東さん作詞の『鳩《はと》ポッポ』という歌がありますが、「ぽっぽっぽ　鳩ぽっぽ」という文部省唱歌とは、別の歌なんです。

鳩ポッポ　（作詞＝東くめ　作曲＝瀧廉太郎《たきれんたろう》）

はとポッポ　はとポッポ
ポッポポッポと　とんでこい
お寺の屋根から　下りてこい
豆をやるから　皆たべよ
たべてもすぐに　かえらずに
ポッポポッポと　鳴《な》いて遊べ

はとポッポ　はとポッポ
ポッポポッポと　とんでこい
お寺の屋根から　下りてこい

和歌山県は、総面積に占める山林の割合が、なんと八割だそうです。紀伊国《きいのくに》は文字どおり木の豊かな国で、すごいスケールの山林持ちのいるところです。私が大学生のころ、紀州から来た同窓生がいて、彼は「家の裏のヒノキを一本伐れば、俺の四年分の学費が出るんだ」とよくうそぶいていたものです。貧乏学生だった私には、本当にうらやましかったです。

坂本冬美さんの歌に『祝い酒』という歌があります。

祝い酒　（作詞＝たかたかし　作曲＝猪俣公章）

浮世荒波ヨイショと越える
今日はおまえの　晴れの門出だよ
親が咲かせた　命の花が
二つ並んだ　鶴と亀
笑顔うれしい　祝い酒

五臓六腑《ろっぷ》に　樽酒《たるざけ》しみる
酔うてめでたい　唄のはなむけさ

七つ転んで　八つで起きろ
あすは苦労の　ふたり坂
縁がうれしい　祝い酒

「日本の根の国」と言われる出雲《いずも》と並んで、紀伊国にも、日本の文化や歴史の、大事な根があることを、あらためて実感しました。やはり「日本のもう一つの根の国」ですね。

山陰を訪ねて

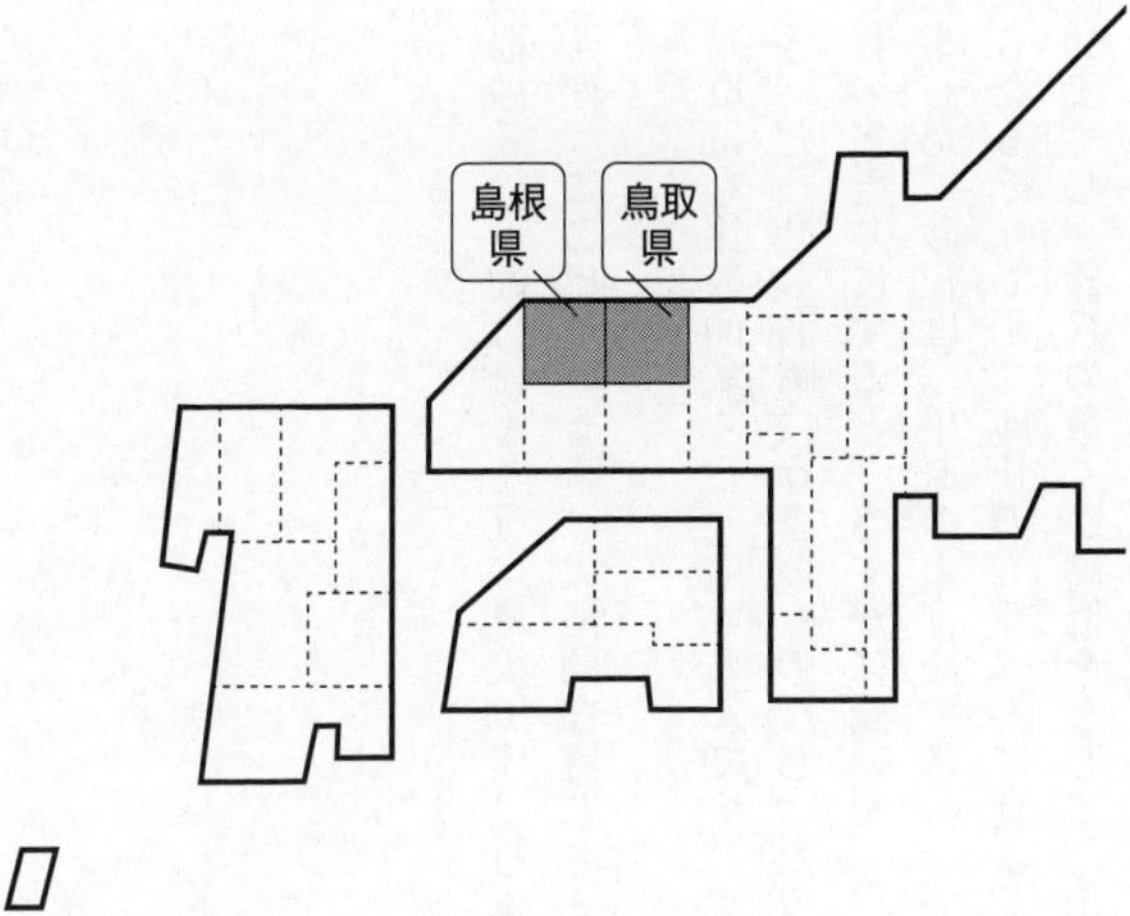

鳥取

雄大な鳥取砂丘に断崖絶壁の投入堂

鳥取というと、まず砂丘でしょうか。鳥取砂丘の景観はほんとうに雄大です。日本は島国だから、風景も箱庭的といわれるんですが、ここは違います。大陸的な感じさえします。

日本海沿岸は、足を運ぶことが多くて、鳥取にも比較的多く行っているんです。ずいぶん昔の話ですが、初めて砂丘を訪れたとき、どうせ「名物にうまいものなし」だろうと、たかをくくって行ったのですが、いざ目の当たりにすると、さすがに驚いた。

とにかくスケールが大きくて、圧倒されました。砂丘は、平原のようなイメージですが、実際は、最大高低差が九〇メートルにもなるそうです。砂丘のてっぺんに登ると、怖いくらいの高さで、日本海を広々と見渡せますし、砂丘の数々が高低をなして、山並みのようでした。

有名なのが、風が作った砂の模様、風紋です。簾《すだれ》に見えるので、「砂簾《されん》」というそうです。俳句にでも使えそうな、いい言葉です。砂遊びができる場所や、期間限定の「砂の美術館」もあるそうですが、鳥取砂丘自体が、自然が作ったアート作品ですね。

砂丘以外で印象に残っているのは、『百寺巡礼』の旅で訪れた寺です。とくに、三徳《みとく》山《さん》の三佛寺投入堂《さんぶつじなげいれどう》へ登ったのが忘れられません。三徳山の三佛寺は、天台宗の仏教寺院ですが、山岳寺院でもあり、その奥院である投入堂は、断崖絶壁の中腹にある国宝です。あんな所に、一体、どうやって造ったのかわからないほど、立派なお堂です。

修験道の開祖・役行者《えんのぎょうじゃ》が、麓のお堂を小さくして手のひらに乗せ、崖の中腹に投げ入れたという伝説から、その名がついたそうです。比叡山の慈覚大師円仁《えんにん》が、釈迦《しゃか》如来、阿弥陀《あみだ》如来と大日如来の三つの像を納められたので、三佛寺といわれています。原生林を抜けて、断崖絶壁の急坂を攀《よ》じ登っていくものですから、高所恐怖症の人なら足が震えるでしょう。実際に途中で落ちて、けがをしたり亡くなった方もいらっしゃるそうです。

お山に入るとき、入山票を書かされるのですが、そこに「転落事故があっても、それは自分の責任です。連絡先は○○」という意味の一節がある。さすがに緊張しました。

かつて、司馬遼太郎さんがいらしたとき、「わしは（登るのは）ええから、ここから望遠鏡で見とる」とおっしゃったとか。「それなら僕は登ろう」とチャレンジしたわけです。イタリア製の登山靴を履いて、ほとんどロッククライミングでした。いま白状しますけれど、足が震えてね、ほんとうに怖かった。崖の中腹のお堂というのは、チベットとかブータンにもあるようですが、日本では珍しいし、一見の価値があります。

周囲はトチの原生林で、解禁日を待って、地元の人たちがトチの実を拾いに来るんです。ドングリと同じでアクが強いので、さらしたり干したりしてから、搗《つ》いて栃餅《とちもち》にする。これがおいしいんですよ。

鳥取ゆかりの音楽家といえば、作曲家の岡野貞一さんが、鳥取市の出身です。作詞家の高野辰之さんとコンビで、文部省の小学唱歌をたくさん作曲されています。『故郷《ふるさと》』『朧月夜《おぼろづきよ》』などの名曲が多くありますが、ここでは『春が来た』をご紹介します。

春が来た　（作詞＝高野辰之　作曲＝岡野貞一）

春が来た　春が来た
どこに来た
山に来た　里に来た

野にも来た

岡野作品には、このほかにも『夕焼け』『春の小川』『紅葉』などがあり、いわば日本の国民的歌謡の数々です。そういう曲想を育んできた土地柄というか、鳥取は日本人の心の中の懐かしさを、たくさん湛《たた》えた県で、岡野さんは、それを音楽の形で表現されたのかもしれません。

神話のふるさと、因幡国と伯耆国

鳥取の自然では、鳥取砂丘と並んで、大山《だいせん》も有名です。「伯耆富士《ほうきふじ》」といわれ、裾野が広がる姿は、本当に優美で、周りの景色も緑が多くて見事です。列車の窓から眺めると、独立峰で形も美しい。昔は日本海を航行する船にとって、海側からのいい目印になっていたと思います。雪もよく降り、スキー場にもなっています。

さて、鳥取は、古くは因幡《いなば》国、伯耆国の二つの国で、『古事記』『日本書紀』にも出てきます。因幡というと、イナバノシロウサギのお話を思い浮かべます。子どものころは素朴に聞いていましたけれど、あらためて読んでみると、背景に歴史を感じさせる、含蓄のある物語なんです。

日本海側と太平洋側の対比とか、日本古来の文化が根付いた土地に、新しい渡来文化が入ってきた際の葛藤が、物語の背景にある。さらに、傷ついた人の心を癒やすものは何かという、現代的なテーマまでもが含まれているように感じます。

因幡と伯耆では、人の気質も違うようです。東部の因幡は、やや地味で内向的なタイプが多いけれど誠実で、生活も堅実。米子《よなご》のある西部の伯耆は、商人気質が旺盛で、経済観念が発達し、庶民的だそうです。

以上は男性ですが、女性はどちらも明るく活動的で、経済観念も発達し、因幡は辛抱強く努力家タイプ、伯耆は懐深く芯が強いそうです。不思議なもので、廃藩置県のあとずいぶん経っていますが、各県それぞれに、旧藩・地域の名残ともいうべき特徴が、残っているんですね。

音楽関係ですと、作曲家の高木東六さんが、米子市生まれです。高木さんは昭和の初期から大活躍をされた作曲家で、戦争中の軍歌などを作曲されるときも、長調の明るい曲をお書きになる方でした。メソメソした短音階の、しかも日本特有の五音音階（一オクターブの中でファとシ抜きの五音）の演歌はお好きではなく、戦後は、西欧的な歌をたくさん書かれました。音楽家として一家言をおもちの方でしたね。

高木さんはオペラやピアノ曲、シャンソンなど、いろいろな作品を作られていますが、ここでは、二葉あき子さんが歌っている『水色のワルツ』をご紹介します。

水色のワルツ　（作詞＝藤浦洸《こう》　作曲＝高木東六）

君に逢ううれしさの
胸に深く　水色のハンカチを
ひそめる習慣《ならわし》が
いつの間にか　身に沁《し》みたのよ
涙のあとをそっと　隠したいのよ

作曲家の高木さんご自身が、ピアノ伴奏をされた録音があって、その盤で、高木さんは、思い入れたっぷりに弾いていらっしゃる感じがします。

水木妖怪ワールドの舞台・境港

最近、ユネスコ無形文化遺産に指定され、和紙（石州半紙）が注目されていますが、因幡国だった頃の昔から作られる因州和紙は、書道や水墨画に用いる画仙紙として、全国生産の六、七割を占めているそうです。福井県などもそうですが、和紙は、寒い土地の冷たい水で作る所が多いです。

島根県との県境の境港は、『墓場の鬼太郎』の漫画家・水木しげるさんの故郷です。二〇一〇（平成二十二）年の連続テレビ小説、「ゲゲゲの女房」は、水木さんご夫妻の話でした。境港市は、妖怪の街として観光にも力を入れています。街の中心の境港駅から全長約八〇〇メートルつづく商店街は、「水木しげるロード」と呼ばれ、「水木しげる記念館」から「妖怪神社」までの通りには、水木さんの代表作『ゲゲゲの鬼太郎』のキャラクターを中心にした、日本各地の妖怪たちの像が並んでいます。この効果は絶大で、かつてシャッター通りだった商店街が、空前の集客力を記録して、大きな話題となりました。

水木さんの描く妖怪世界は、一種異端の物語でもあり、想像力を刺激されるところがあります。テレビアニメ『ゲゲゲの鬼太郎』の主題歌は、水木さんの作詞で、一度聴いたら忘れられない曲です。熊倉一雄さんが歌われていました。

ゲゲゲの鬼太郎　　（作詞＝水木しげる　作曲＝いずみたく）

ゲ　ゲ　ゲゲゲのゲ
朝は寝床でグーグーグー

たのしいな　たのしいな
おばけにゃ学校もしけんもなんにもない
ゲ　ゲ　ゲゲゲのゲ
みんなで歌おう　ゲゲゲのゲ

熊倉さんは、声優としても活躍されましたが、この人の独特の声がうまく生きています。これがヒットした秘密でしょう。

「おばけにゃ学校もしけんもなんにもない」の歌詞は、万人が心の中でひそかに思っている願望を、よく表していますね。水木さんの原作でも、鬼太郎のお父さんが目玉になるというのは、すごい発想です。水木さんは太平洋戦争中、徴兵されて、戦いで、片腕を失い、南太平洋で終戦を迎えました。その苛酷《かこく》な体験を描いた作品も広く知られています。

さて、鳥取県からは、いろんな人材が出ていますが、三十二歳で横綱になった、先代佐渡《さど》ヶ嶽《がたけ》親方の琴櫻《ことざくら》関が、現在の倉吉市の出身。『独立愚連隊』や『肉弾』などの映画監督・岡本喜八さんが、米子市出身です。岡本さんには、私の『にっぽん三銃士』を映画化していただいたことがあります。

女優さんでは、映画『裸の島』や、ＮＨＫの「おしん」に出演された乙羽信子さんが現在の米子市、司葉子さんが境港市出身です。正統派の美人と個性的な美人の、いずれをも輩出している土地ですね。お二人ともやさしいけれど、一本芯が通っている方々です。

スポーツシューズメーカーのアシックスを創業した、鬼塚喜八郎さんがいまの鳥取市の出身です。鳥取は商業の伝統のあるところで、商人気質も育まれてきているんでしょう。

ご当地ソングのブームを作った『鳥取砂丘』

鳥取には、いろんなおいしいものがありますが、私は有名なものよりも、無名だけれど、生活に根付いた郷土食に惹かれます。前述した栃餅などは好きですね。

砂地を活かした白ネギ、砂丘ラッキョウの生産が盛んです。ラッキョウといえばカレーということなのか、カレールーの年間購入額が、日本で一、二を争うそうです。海産物では松葉ガニ（成長したズワイガニの雄）を筆頭に、海鮮丼や岩ガキやハタハタもあります。私は、季節はずれに食べる岩ガキが好物です。大きくて、しかもおいしいですね。それから、二十世紀梨も産地です。

ご当地ソングとして忘れてはならないのは、『鳥取砂丘』です。この曲は水森かおりさんの大ヒット曲でした。

鳥取砂丘　（作詞＝木下龍太郎　作曲＝弦哲也）

潮の匂いに　包まれながら
砂に埋《うも》れて　眠りたい
失《な》くした後で　しみじみ知った
あなたの愛の　大きさを
鳥取砂丘の　道は迷い道
ひとりで生きて　行けるでしょうか……。

いわゆる「ご当地ソング」ブームの口火を切ったのが、この曲だったと思います。作曲の弦哲也さんは、歌謡曲の名曲をたくさん書いていますが、この曲がいちばんまとまっている感じですね。

鳥取の方はよく「鳥取は何もないから」と言われるそうです。「（いいところは）みんな、島根に持っていかれるんだよね……」ということらしいですが、こうしてじっくり見てくると、鳥取には鳥取ならではの魅力が、たくさんあると思います。

一時期、「山陰」という言葉の「陰」を嫌って、「北陽」と呼んではどうかという提案もあったことを島根でお話ししますが、結局根づきませんでしたよね。山陰という言葉自体に、歴史や古い文化の重みが潜んでいるわけですから、そう簡単に言い替えるわけにはいかないいんだなと思いました。

鳥取県も、文化と伝統が、陰翳《いんえい》に富んだ土地です。大山のような神々しい山もあれば、投入堂みたいな山岳信仰もある。宗教的にも奥の深い伝統のある所で、日本の中でも非常にユニークな、魅力的な土地柄です。ぜひ皆さんも訪ねてみてはいかがでしょうか。

島根

〝日本の根の国〟島根県

一時期、お寺を訪ねて回ることがあり、島根の一畑薬師《いちばた》（出雲市《いずも》）、清水寺《きよみず》（安来市《やすぎ》）など、あちこちを歩きました。『百寺巡礼』を書いていたこともあるのですが、雑誌の記者をしていた若いころにも、取材で松江や出雲を訪ねました。最近ではＮＨＫのテレビの紀行番組で、隠岐《おき》を訪ねたときのことが印象に残っています。

島根は、日本の根の国というイメージがあります。古代の祭祀《さいし》の銅剣や銅鐸《どうたく》がたくさん出土したり、たたら製鉄という先進文化を作ってきた地です。自然もそうですし、人もそうです。日本列島の中でも、「原日本」という感じを受ける不思議な場所です。

一口に島根といっても、出雲、石見《いわみ》、隠岐では、人の気性も文化も微妙に違うそうです。

どこの県でもそうですが、旧藩時代以来の特色が、根強く残っていると感じます。県の北東・出雲の人は、口が重くて物静かで思慮深い。南西部の石見の人は、はっきりとものを言うし、行動的。隠岐の人は独立心が旺盛で、人に頼らずがんばりぬく。そういうところがあるといわれます。

島根県の音楽関係というと、作詞家の中里綴《つづる》さんが松江市の出身です。女優としても活躍され、西野バレエ団の五人娘の一人、江美早苗さんでもあります、中里綴の名は作詞家としてのペンネームです。いろいろいい曲を作っていらっしゃいましたが、南沙《さ》織《おり》さんの『人恋しくて』は、みなさんよくご存じかと思います。あの「暮れそうで暮れない」というリフレインのある歌です。

人恋しくて　（作詞＝中里綴　作曲＝田山雅充《まさみつ》）

暮れそうで暮れない　黄昏《たそがれ》どきは
暮れそうで暮れない　黄昏どきは

ふと目についた　小石を蹴ったり
自分の影に　じゃれついてみたり
なんとなく落ちつかない　一人ぼっち

恋の相手は いるにはいるけど
喧嘩《けんか》別れ したばかり
暮れそうで暮れない 黄昏どきは
暮れそうで暮れない 黄昏どきは
心が脆《もろ》く なるものですね

南沙織さんの歌ですから、「暮れそうで暮れない」のは、沖縄の海を想像しがちですが、松江出身の中里さんの詞ですから、宍道湖《しんじ》の美しい夕景のようにも思われます。

ラフカディオ・ハーンが愛した松江

鳥取ですこし触れましたが、私が記者をやっていたころ、「山陰」という言葉がいやだという地元の声があって、一時期、呼び方を変えようという流れがありました。山陽地方に対して「北陽」というのが候補に挙がっていましたが、結局、採用されませんでした。ひっかかるところはあるけれど、やっぱり山陰のままがいい、という気持ちが勝ったんでしょうね。
なじんでいるせいか、私は山陰と言ったほうが、風景が目に浮かびます。レンブラントが好んで描いたような、低く垂れ込めた雲の切れ目から漏れる、カーテンのような神々しい光の束が、宍道湖や、日本海に差している風景が連想されます。静かで重いけれど、じつは途方もない情熱が秘められている土地柄を感じさせます。

そんな土地に魅《ひ》かれて松江に住み着いた一人が、ラフカディオ・ハーンです。ハーンは、じつは松江よりも、熊本のほうに長く住んでいるんです。でも熊本では、あんまりハーンのことは言わないし、松江での小泉八雲人気と、ずいぶん差がありますね。

ハーンは小柄な人で、少年時代のけがが原因で隻眼になり、コンプレックスの強い人だったと思います。彼が持つ心の中の暗部と、松江の町や山陰地方の自然や人情と、重なり合うものがあったんじゃないでしょうか。

森鷗外も島根ですね。生まれは、石見国津和野《いわみのくにつわの》です。お墓に行ったことがありますが、同行した若いテレビスタッフが、「森林太郎《もりりんたろう》」と鷗外の本名が刻まれた石碑を見て、「『しんりんたろう』ってなんだ?」と言ったので、鷗外も、泉下で苦笑しているだろうと思いました。

西洋哲学を日本に紹介した西周《あまね》も、津和野の出身。鷗外の親戚だそうです。弁士、漫談家で、ラジオ、テレビで活躍した徳川夢声さんが、益田市の出身。私が小学生のころ、NHKのラジオ放送で『宮本武蔵』を朗読していました。「そのとき武蔵は……」と語るあの口調は、いまでも覚えています。懐かしいですね。

かつてのミュージカル「安来節」

近代演劇の先駆けと言われた島村抱月《ほうげつ》が、浜田市出身。人生そのものがドラマチックでした。第二次『早稲田文学』の復刊に力を尽くした人ですが、なんと言っても有名なのが、トルストイの『復活』を松井須磨子主演で舞台上演させたこと。その主題歌『カチューシャの唄』(一九一四年)が、大正時代初めに大ヒットしたことでしょうか。「カチューシャかわいや別れのつらさ」がだれもが知るところとなりました。
倍賞千恵子さんが歌う『カチューシャの唄』も、情感がこもっていて素敵です。

カチューシャの唄　(作詞＝島村抱月・相馬御風《ぎょふう》　作曲＝中山晋平)

カチューシャ　かわいや
別れのつらさ
せめて淡雪　とけぬ間に
神に願いを　ララかけましょか

カチューシャ　かわいや
別れのつらさ
今宵ひと夜に　ふる雪の
明日は野山の　ララ道かくせ

安来《やすぎ》と言いますと、民謡の安来節。「安来千軒《せんげん》名の出た所　社日桜《しやにちざくら》に十神山《とがみやま》」という出だしでしたね。出雲節をもとに発展し、大成されたもので、いまは歌にともなった踊りの「どじょう掬《すく》い」が、お座敷芸的に残る程度ですが、当時は大ミュージカルとして一世を風靡しました。安来から何十人という数で上京して、一座をつくり、浅草六区などで興行するほどの、たいへんな人気でした。

安来には、比叡山より古い、清水寺というお寺があり、山陰地方の歴史の古さを感じました。また安来という地名は『出雲国風土記』によると、スサノオノミコトによって命名されたとあります。さらに、『古事記』によれば、スサノオの母神のイザナミノミコトは、比婆山《ひばやま》に葬られたとあり、その山は、安来にあるそうです。なんだか古代のロマンを感じてしまいますね。

その安来市にゆかりのある方に、俳優の渡《わたり》哲也さんがいます。渡哲也さんが歌われて、大ヒットしたのが『くちなしの花』です。

くちなしの花　（作詞＝水木かおる　作曲＝遠藤実《みのる》）

いまでは指輪も　まわるほど
やせてやつれた　おまえのうわさ
くちなしの花の　花のかおりが
旅路のはてまで　ついてくる
くちなしの白い花
おまえのような　花だった

俳優さんの歌って、いいんですよ。裕次郎さんは言うに及ばず、鶴田浩二さん、高倉健さんなど、歌唱技術ではなく、個性がにじみ出るような歌い方で、私は好きです。ほかに俳優の芦田《あしだ》伸介さん、漫画家の園山俊二さんも、松江市出身ですね。お二人とは若いころ、よく麻雀をやったものです。ですから、島根の人と聞くと、すぐに芦田さんと園山さんを思い出します。仲間の二人と日曜の朝方まで麻雀をやって、九時ぐらいになると、「いまから競馬」なんてあったものです。

芦田さんは、「七人の刑事」の沢田部長刑事役で、当時、大人気でしたね。あるとき車に乗っていて検問にあったんですが、芦田さんは窓を開けて、苦虫を噛《か》み潰したような顔で、刑事風に挙手の礼をしたんです。そうしたら検問のお巡りさんが思わず直立不動で敬礼したという。おもしろい人でしたね。

尊王の志篤く、独立心旺盛な隠岐

島根県の隠岐《おき》の島は、かつて後鳥羽上皇や後醍醐《ごだいご》天皇の配流された地で、都の文化も伝わっていますね。代々、尊王の気風の強いところで、そういう人たちを守ってきたというプライドもありますし、独立心も強く、学問の盛んなところです。しかるべき家の子弟は、ある程度の年齢に達すると、京都へ行って学問をして帰ってくる。「隠岐に行けばどんな本でもある」と言われるぐらい、学問が盛んでした。

明治初期、江戸幕府領だった隠岐を預かる松江藩の支配に抵抗するために、島民たちは武装蜂起して、一時は自治を行ったこともありました。隠岐騒動と言われる、このときの銃弾の跡がいまも残っています。

隠岐を舞台にした珍しい曲があります。隠岐諸島最大の島、島後《どうご》にある都万《つま》（現・隠岐の島町）の秋を歌ったもので、作曲と歌は、吉田拓郎さんです。

都万の秋　（作詞＝岡本おさみ　作曲＝吉田拓郎）

イカ釣り船が帰ると
ちいさなおかみさんたちが
エプロン姿で　防波堤を　駆けてくるよ
都万の朝は　眠ったまま
向こうの浜じゃ
大きなイカが手ですくえるんだよ

おかみさんは待っている
亭主の自慢話をね
黙ってイカを洗う亭主に　相槌《あいづち》うってね
隠岐の島は　逃げるとこなし
盗人《ぬすびと》だって
ここじゃどこにも　隠れられない

昭和初期に、陸上の一〇〇メートルで世界タイ記録を出し、「暁の超特急」と言われた吉岡隆徳《たかよし》さんが、出雲市の出身です。のちに指導者としても活躍されました。出雲というと、竹内まりやさんが思い浮かびます。出雲大社の前の老舗《しにせ》旅館のお嬢さんです。私もその旅館にうかがったことがあります。竹内さんは、最初はポップス系の歌い手さんでしたが、『Impressions《インプレッションズ》』（一九九四年）というベストアルバムで、三百万枚という売り上げを記録しました。曲を聴いていると、竹内まりやという人はスケールの大きなアーティストになったと感じました。年とともに成長して、いつのまにかすごく大きな存在になっていたんですね。

竹内まりやさん作詞・作曲で、「駅」という曲があります。

駅　（作詞・作曲＝竹内まりや）

見覚えのある　レインコート
黄昏の駅で　胸が震えた
はやい足どり　まぎれもなく
昔愛してた　あの人なのね
懐かしさの一歩手前で

こみあげる　苦い思い出に
言葉がとても見つからないわ
あなたがいなくても　こうして
元気で暮らしていることを
さり気なく　告げたかったのに……

島根のページは、島根県の言葉で締めくくりたいと思います。「ありがとう」という意味で、朝の連続テレビ小説のタイトルにもなりました。おつきあいくださいまして「だんだん」。

瀬戸内沿岸を訪ねて

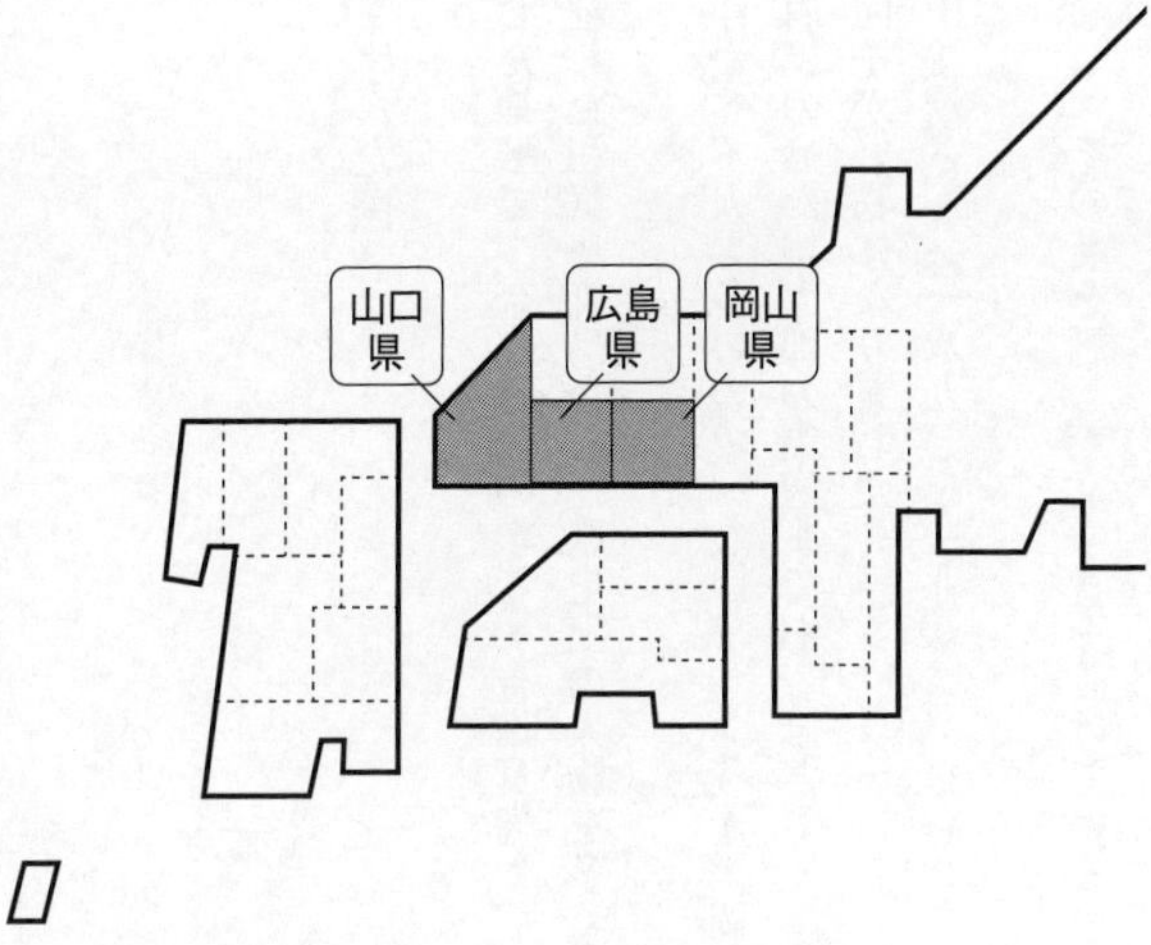

岡山

作家から名僧までヒューマニストを生んだ国

岡山は古くから吉備国《きびのくに》と呼ばれて発展した地域で、奈良時代の学者・吉備真備《まきび》や、奈良時代末から平安初期にかけて宮廷で活躍した和気清麻呂《わけのきよまろ》など、歴史上の人物を多く輩出しています。

岡山というと「桃太郎」の物語を思い浮かべる人も多いのではないでしょうか。岡山の駅前には犬、猿をしたがえて、きじを肩にのせた桃太郎の銅像まであるほどです。私は子どものころこの物語を読んで、きび団子が好物になりました。

子どもの物語といえば、岡山出身の坪田譲治《つぼたじょうじ》さん（一八九〇〜一九八二）を忘れてはならないでしょう。

岡山市が地元出身の作家坪田譲治を記念し、その名を冠した文学賞を設けています。

じつは私も選考委員の一人なので、岡山には何度も伺っています。一九八五（昭和六十）年のスタート以来、平成三十年度で、すでに三十四回を数えますが、毎年一回、選考会に出かけ、そのまま授賞式に参加することもあります。

坪田譲治は大正の末期から昭和、戦後にかけて活躍した作家です。『赤い鳥』などが有名で、児童文学者というイメージが強いですが、幅広く仕事をなさった方です。

私は、戦後の一九四七（昭和二十二）年に朝鮮から引き揚げてきましたが、本土に辿《たど》りついてからは、福岡の辺鄙《へんぴ》な場所にある旅館にしばらく逗留《とうりゅう》させてもらっていました。そのとき、押し入れに坪田さんの本が何冊かあって、夢中になって読みました。

母国へ帰ってきた安心感と同時に、軍国主義の時代が終わり、こういうヒューマンな物語を読むことができるんだと実感して、坪田譲治という作家の名前が、十三歳の私の頭にくっきりと刻み込まれたのです。

坪田さんは、新聞の連載小説でも人気を博した方です。善太と三平という子どもたちが出てくる「子供の四季」シリーズを、私もかつて愛読しました。その作品群を読み返してみると、坪田さんは小説家としての本道を歩んだ方であり、日本の近代文学にとって非常に重要な作家だとつくづく思います。

坪田譲治文学賞の、第一回受賞者は太田治子《はるこ》さん、第七回が江國《えくに》香織さん、第八回は立松和平さん、ほかにも、最近人気のある角田光代さん（第十三回）、重松清さん（第十四回)、阿川佐和子さん(第十五回)ら多彩な方が受賞されています。この文学賞を受賞後に直木賞を受賞された方もいて、私にとっては楽しみな賞なのです。

岡山出身の作家には、坪田譲治さんのほかにも、優れた小説やエッセーを多く残した内田百閒《ひゃっけん》さん、吉行淳之介《じゅんのすけ》さんや柴田錬三郎さんなどがいます。若い方では小川洋子さん、あさのあつこさんと、枚挙に暇《いとま》がないくらいです。

岡山からは偉大な宗教家も出ています。

平安時代の末期から鎌倉時代の初期にかけて、日本は飢餓、凶作、疫病の流行、戦乱と、地獄のような時代がつづくわけですけれども、こうした大きな政変の時期に人々の心をぐっと鷲《わし》づかみにし、日本の宗教史上に名を残すリーダーたちが続々と登場したんです。

その一人が、浄土宗の開祖、法然《ほうねん》上人です。去る二〇一一(平成二十三)年は、法然上人の八百年大遠忌にあたり、浄土宗大本山の知恩院(京都府)で、盛大に法要が執り行われました。

法然は、美作国《みまさかのくに》久米《くめ》南条稲岡庄《いなおかのしょう》(現・岡山県久米南町)の武士の家に生まれましたが、夜討ちに遭って失った父の遺言に従い出家しました。「南無阿弥陀仏」と唱える称《しょう》名《みょう》念仏に専心すれば、誰もが往生できると説き、万民救済の道を示したのです。岡山の生家が誕生寺として残っています。

また、岡山周辺を列車に乗って走ってみると、大きくてユニークな建築が目につきます。黒住《くろずみ》教や金光《こんこう》教などの新興宗教の建物です。法然のお膝元で、さらに新しい宗教が根付いているということは、岡山には新しいものを受け入れる土壌があるんだなと、つくづく感じます。

ほかにも鎌倉時代の禅宗、臨済宗の開祖である栄西《えいさい》も、岡山出身です。

大正ロマンの風情漂う倉敷

芸術・文化の世界でも大物を輩出しています。そのひとりが大正ロマンを代表する画家、竹久夢二です。夢二は、現在の瀬戸内市の生まれです。夢二が作詞した『宵待草《よいまちぐさ》』は、往年の大スター、高峰三枝子さんが歌って全国的にヒットし、大衆歌として多くの人々に愛唱されました。

宵待草　（作詞＝竹久夢二　作曲＝多忠亮《おおのただすけ》）

待てど暮らせど
来ぬ人を

宵待草の
やるせなさ
今宵は月も
出ぬそうな

高峰さんは映画スターでしたが、歌はいわば素人《しろうと》でした。けれども、何とも言えないぬくもりがあって、音程がちょっと不安定なところに、かえって親しみがもてるようなところさえあります。高峰さんの『雨のブルース』などは、タイトルを聞くだけで、胸がジーンとするほどです。

『宵待草』を聴くと、夢二の描いた柳の下の抒情美人の、物憂げな表情を思い起こします。そんな大正ロマンの「夢二式美人」にぴったりの街並みが倉敷に残っています。

岡山の倉敷は川べりの柳と蔵の景観が魅力的な街です。メインストリートを離れて歩いていると、酒造りの老舗があちこちにあって風情があります。倉敷のすごくおいしいコーヒー屋さんも何軒か知っています。それから忘れてはならないのは、実業家・大原孫三郎さんが設立、私設の美術館として長い歴史のある大原美術館です。モネ、ゴーギャン、ロートレック、マティスなど西洋近代美術の蒐集《しゅうしゅう》に定評があり、ぜひ一度は訪れて欲しい場所です。

疎開した永井荷風が見た風景

岡山からは、その他、男性ファッションに革命をもたらしたヴァン・ヂャケット創業者の石津謙介さんなど、有名な実業家がたくさん輩出しています。

石津さんは、モダンで、ファッショナブルで、いかにも岡山的という感じがします。岡山は天災も少なく、山の幸、海の幸に恵まれた土地ですから、いがみ合う感じがなくて、人間がおおらかなんですね。

作家に『ぼっけえ、きょうてえ』という優れた作品（第六回日本ホラー小説大賞・第十三回山本周五郎賞受賞）を書いた岩井志麻子さんがいます。彼女は愛情を込めて、出身の岡山の悪口を言います。岡山の人はその辛口の冗談を怒りもせず、「岩井さんは言いたいこと言うなあ」と、おもしろがる風《ふう》がある。これも岡山県人の心の広さを示していると思います。

それから戦争中のことですが、作家の永井荷風が東京を焼け出され、疎開した先が岡山でした。敗戦の一カ月ほど前、岡山の郊外を散策して回ったときの荷風の日記が残っています。それを読むと、岡山の農村は、戦争中とは思えない牧歌的な風景であったと書かれています。

農家の垣根には槿《むくげ》をはじめいろいろな花が咲き、小川では農家の女たちがにぎやかに話しながら洗濯をし、子どもたちがそのそばで魚をとっている。それを「薇陽《びよう》の山水見るに好《よ》し」と、まるで絵に描いたような風景であるとたたえています。ただ「余の胸底に蟠《わだかま》る暗愁を慰むるべきに非《あ》らず」と、日記は締めくくられていて、自分の胸に宿る憂いを慰めるまでにはいたらなかったと言っています。

日本中が殺伐とした空気で覆われている戦争中でも、疎開していた老作家の記憶に刻まれた岡山の姿が、穏やかで和やかなものだったのは確かでしょう。

演歌からポップスまでどこか明るい音楽

音楽の分野では、作曲家の岡千秋さんが、岡山の備前市出身なんです。浪速の人というイメージが強いんですが、岡さんの作曲した『ふたりの夜明け』を五木ひろしさんが歌っています。

ふたりの夜明け　（作詞＝吉田旺《おう》　作曲＝岡千秋）

おまえが流した　涙のぶんだけ
しあわせにならなけりゃ
いけないよ　もう泣かないで
過去という名の　改札ぬけて
ふたり出直す　道の行先《ゆくて》には
きっとくる　きっとくる　きっとくる
ふたりの夜明けが

あの夜おまえに　出逢えてなければ
乱れ酒　あびるよな
あのくらし　続けていたよ
しょせん器用にゃ　生きられないが
ついてきてくれ　この手をはなさずに
きっとくる　きっとくる　きっとくる
ふたりの夜明けが

マイナーコード（短調）の曲ですけれども、どこか明るさを感じさせるのが、岡山の特徴といえるかもしれません。
ポップスシーンで活躍しているB'z《ビーズ》の稲葉浩志《こうし》さんや中西圭三さんも、岡山出身です。

いつかのメリークリスマス　（作詞＝稲葉浩志　作曲＝松本孝弘）

ゆっくりと12月のあかりが灯《とも》りはじめ
慌ただしく踊る街を誰もが好きになる

僕は走り　閉店まぎわ
君の欲しがった椅子《いす》を買った
荷物抱え　電車のなか　ひとりで幸せだった

いつまでも　手をつないでいられるような
気がしていた
何もかもがきらめいて
がむしゃらに夢を追いかけた

喜びも悲しみも全部
分かちあう日がくること
想《おも》って微笑《ほほえ》みあっている
色褪《いろあ》せたいつかのメリークリスマス

岡さんのような正調演歌の作曲家もいれば、稲葉さんのようなモダンな歌を書く人たち、葛城《かつらぎ》ユキさんみたいに『ボヘミアン』なんていう豪快な曲を歌う人と、岡山からはじつにさまざまな音楽家が出ています。

こうして歌で旅してみると、岡山は法然に代表される堂々たる骨格がありつつ、石津謙介さんのようなモダンでファッショナブルな面もある。包容力がある県だなと感じました。

広　島

『黒い雨』からの奇跡の復興

広島は私にとって、とても存在感が強い土地です。

原爆ドームと安芸《あき》の宮島、世界遺産が二つもあります。広島市は、原爆で一時壊滅状態になりましたけれども、復興を遂げて、現在人口は百十八万人を超え（二〇一二年七月末・広島市住民基本台帳登録）、政令指定都市になっています。

その一方で、戦後七十年が経ち、戦争の記憶が風化しつつあります。あるテレビ番組の街頭質問で、「広島に原爆が投下された日と時間をご存じですか」と街行く人に尋《たず》ねていたのですが、正確な答えが返ってこなかった。これは非常に残念で、心配なことです。一九四五（昭和二十）年八月六日午前八時十五分という日時は、心にしっかりとどめておかなければなりません。

広島以外にも、私たちは改めて沖縄や長崎など戦争の歴史を、きちんと頭に刻んで、記憶を持ちつづける努力を怠ってはいけないと思いました。

広島は多くの文学者も輩出しています。福山市出身の作家・井伏鱒二《いぶせますじ》さんの作品、『黒い雨』（一九六五年）は、広島の被爆後の現実を描いて、国際的にも評価が高い作品です。そのほか、作家では阿川弘之《ひろゆき》さんが広島市、佐木隆三さんは安芸高田市育ち、最近では『告白』の、湊《みなと》かなえさんが尾道《おのみち》市出身です。

映画監督では新藤兼人《かねと》さん（広島市）、大林宣彦《のぶひこ》さん（尾道市）が広島の出身です。新藤さんは『原爆の子』『第五福竜丸』など、みずからの被爆体験に照らした作品を製作しています。またアニメ映画にもなった漫画『はだしのゲン』も、作者・中沢啓治さんの被爆体験をもとにした作品です。

絵画と原爆ということでは、丸木位里《いり》さん（広島市）、俊《とし》さんご夫妻を忘れてはならないでしょう。原爆の図丸木美術館（埼玉県東松山市）に、ご夫妻の描かれた『原爆の図』の絵があるのですが、見るものを立ちすくませるほどの衝撃です。広島県人は、この世のものとは思えないほどの原爆の災禍から立ち上がって、あれだけの復興を成し遂げたのですから、そのバイタリティーやエネルギーはたいへんなものです。

戦後歌謡界の大作詞家・石本美由起

音楽の世界で活躍している方も、たくさん出ています。作詞家でまず挙げられるのは、二〇〇九（平成二十一）年に亡くなられた石本美由起さん（大竹市）。石本さんは、戦後の歌謡曲の歴史の中でも、大御所と言っていい大作詞家です。

一九四八（昭和二十三）年に最初の曲がレコーディングされ、六十数年にわたる作詞家生活を、最期まで全うされたんですが、生涯に作った歌は三千五百曲以上といいますからたいへんなものです。

デビュー作は『長崎のザボン売り』というおもしろい歌で、私が中学生のころでしたが、小畑実《みのる》さんが歌われていたのを覚えています。石本さんの家は、瀬戸内海を見渡せる丘の上にあって、その景色をもとに作詞された曲が『柿の木坂の家』だそうです。

柿の木坂の家　（作詞＝石本美由起　作曲＝船村徹《とおる》）

春には　柿の　花が咲き
秋には　柿の　実が熟《う》れる

柿の木坂は　駅まで三里
思いだすなァ　ふる里のヨ
乗合バスの　悲しい別れ

春には　青い　めじろ追い
秋には　赤い　とんぼとり
柿の木坂で　遊んだ昔
懐しいなァ　しみじみとヨ
こころに返る　幼《おさ》ない夢が

青木光一さんが歌われていたのですが、しみじみという言葉がぴったりの、気持ちが落ち着くいい歌です。でも、こういう歌を聴いていると、いまの若い人たちは何かを感じるのだろうか、こういう歌が再び人の口にのぼる時代はもう来ないのではないだろうか、といろんなことを考えて、複雑な気持ちになります。

石本さんはキングレコード時代に作詞された『憧れのハワイ航路』をはじめ、コロムビアに移ってからは、美空ひばりさん、都はるみさん、島倉千代子さんと、名だたる歌手に詞を提供しました。ひばりさんの『港町十三番地』『哀愁波止場』『悲しい酒』などのほか、『矢切《やぎり》の渡し』（一九八三年）と『長良川艶歌《ながらがわえんか》』（一九八四年）で二年連続のレコード大賞を受賞しています。

聞くところでは、あれほどの大家にもかかわらず、無名の歌手や新人に対しても、依頼があれば快く詞を提供なさったそうです。石本さんが作詞家として長い現役生活を送られたのは、そこに秘密があるのかもしれません。闊達《かったつ》で心が広いのは、広島県人の特徴なんでしょう。

児童文学運動の父・鈴木三重吉

広島市出身の作詞家といえば、大木惇夫《あつお》さんもいます。大木さんは、作家で詩人、すぐれたルポルタージュもたくさん書いた文学者です。秋田（東日本・北陸編）でも紹介しましたが、東海林《しょうじ》太郎さんの歌った『国境の町』（阿部武雄作曲）をはじめ、大木さんの詩を愛唱している人はたくさんいました。

しかし、残念ながら、大木さんが作詞家として最も充実していたのは、日本が軍国主義に向かって突き進んでいった時代で、日本文学報国会（一九四二＝昭和十七年設立）など、翼賛《よくさん》組織との仕事も多く、戦後は激しいバッシングを受けて、失意の生活を送られました。大木さんが戦後に生まれていたなら、まったく違った生涯になったと思います。

当時の流行歌を聴いていると、ふと、背景では日本の歴史がゆっくりと回転しつつあったんだなと思うことがあります。でも、流行歌に理屈はいらないように思います。『国境の町』などからは、満州（現・中国東北部）・ソ連の国境や北国に対する郷愁や憧れが、心の中に湧き上がってきます。それは、当時の国と国民全体が向いていた方向と重なるんです。流行歌が持っている、人々の気持ちを動かす力は、じつに大きいものだとつくづく感じます。

歌手では、広島市出身の二葉あき子さん、矢沢永吉さん、三原市出身の若山彰《あきら》さんなどがいらっしゃいます。若山さんはクラシック畑育ちのバリトン歌手で、行進曲調の朗々とした歌い方が特色でした。

若山さんには、じつは私も一九六四（昭和三十九）年に、新幹線が開通するのを記念した曲を書いたことがあるんです。全く売れませんでしたけれど。若山さんは、木下惠介監督の映画『喜びも悲しみも幾歳月《いくとしつき》』（一九五七年）の主題歌で、その弟の木下忠司《ちゆうじ》さん（東日本・北陸編／静岡参照）が作詞・作曲した歌も歌っています。

　喜びも悲しみも幾歳月　（作詞・作曲＝木下忠司）

俺《おい》ら岬の灯台守は

妻と二人で　沖行く船の
無事を祈って　灯をかざす
灯をかざす

冬が来たぞと　海鳥啼《な》けば
北は雪国　吹雪の夜の
沖に霧笛が　呼びかける
呼びかける

『喜びも悲しみも幾歳月』は、灯台を守る人たちの夫婦愛、家族愛を描いた感動的な映画でした。映画のシーンがすっと頭の中に浮かんできます。あのころは、この作品のように、娯楽映画でありながら、人間の生き方を正面から見据えた映画が多く作られました。広島からは児童文学運動の父と言われている鈴木三重吉（広島市）をはじめ、童謡・唱歌を作った詩人も多く出ています。童謡は単に子どもの歌ではなく、一時期、日本の文化の重要な運動の一つでした。鈴木三重吉のほか、北原白秋、西條八十《やそ》などが活躍して、童謡に時代のスポットライトが当たり、多くの名曲が生まれました。

広島出身の作詞家として『りんごのひとりごと』の武内俊子さん（三原市）、『夕日』

の葛原《くずはら》しげるさん（福山市）、『こいのぼり』の近藤宮子さん（広島市）がいます。

かもめの水兵さん　（作詞＝武内俊子　作曲＝河村光陽）

かもめの水兵さん
ならんだ水兵さん
白い帽子　白いシャツ　白い服
波に　チャプ　チャプ
うかんでる

『かもめの水兵さん』は、ひばり児童合唱団が歌っているのが、とてもかわいらしくて、懐かしくて、聴いているほうも思わず口ずさんでしまいますね。広島には呉《くれ》という軍港や、江田島の海軍兵学校もあり、水兵さんに対する親しみがあったのでしょう。

さて、スポーツはどうかというと、広島には熱狂的なカープ・ファンが多い。カープは、一九四九（昭和二十四）年、原爆の災禍からの復興を掲げて創設され、市民に支えられて実力を蓄えていきました。長い歴史を有し、市民球団としての役割を十二分に果たしてきました。

野球といえば、南海ホークスの黄金時代を創った名監督、鶴岡一人《かずと》さんは呉市の出身。呉市からは広岡達朗さんも出ていて、広島市からは張本勲《いさお》さん、山本浩二《こうじ》さん、三原市からはマサカリ投法の村田兆治さんが出ています。

私が大学生のころ、早稲田の三遊間を守っていたのが小森（光生《こうせい》）・広岡コンビで、広岡さんのボールを捕って投げるフィールディングは、クラシックバレエの名手の踊りのような美しいフォームでした。

広島県人の活力のみなもと

広島県も山あり、海ありで、農業、漁業、商業、工業など産業も多様です。日本の縮図とさえ言う人もいるぐらいです。

広島のおいしいものといえば、牡蠣《かき》にあなご飯《めし》、もみじ饅頭《まんじゅう》。銘酒も多く、日本酒の三大酒どころは兵庫の「灘」、京都の「伏見」、広島の「西条」だといわれています。

『酒』という雑誌の編集長を、長くつづけられた佐々木久子さんは広島県人です。出版界の人びとの間では有名人で、「チャコさん」と呼ばれていました。小柄なのに、バイタリティーにあふれ、話していて楽しい方でした。

『酒』の呼び物の一つが、毎年発表される「文壇酒徒番附《ばんづけ》」でした。井伏鱒二さんが正横綱、立原正秋さんが大関という由緒正しい酒豪の方々の中に、私も張出大関にランク入りして、びっくりしたことがあります。私はとくに酒に強いわけではないのですが、仕事を理由に、酒席のつきあいもそこそこにしてきました。そのことが評価されたのかなと思いましたけれど。

過酷な歴史に翻弄されながらも、戦後、広島はさまざまな産業を発展させてきました。明治以来の造船などで蓄積した技術の伝統が、戦後振興した産業にも受け継がれています。人材も豊富、物産も豊かで、工業や産業も盛んです。進取の気象に富んでいて、海外にもどんどん出て行きました。

広島からは、新日本製鐵会長を務めた永野重雄さん（広島市育ち）、ニッカウヰスキーの竹鶴政孝さん（竹原市）をはじめ、創業者がたくさん出ています。広島県人に共通するのは、〝活力〟でしょうか。明るく、困難にめげないのが特長かもしれません。

明るさの一面、昔から安芸門徒、三河《みかわ》門徒と言われるほど、浄土真宗の宗旨の方が非常に多い土地です。時代をさかのぼれば、かつて瀬戸内で活躍した村上水軍以来の伝統もありますし、大陸との交易で繁栄した歴史もある。

バイタリティーの片隅に神仏を崇敬する心をもち、多くの芸術家や文化人を育てた土地。これが広島なんでしょう。

山口

松下村塾から巣立った明治維新の主役たち

私は福岡出身なので、山口県は親しいお隣さんといった感覚があります。瀬戸内海と日本海の両方に面している地理的な特徴のせいか、山口県の文化や人間には、多面性を感じます。

山口県には歴史上の大きな舞台がたくさんあります。たとえば源平合戦の壇ノ浦の古戦場は、下関沖の関門海峡、山口市は戦国大名、大内氏の城下町で、西の京と言われていました。大内氏ゆかりの瑠璃光寺《るりこう》（山口市）の五重塔は、本当に美しい。

文化財だけではなく、歴史上の人材も多士済々で、総理大臣を何人も輩出しています。伊藤博文、山縣有朋《やまがたありとも》、桂太郎、寺内正毅《まさたけ》、田中義一《ぎいち》とつづき、さらに戦後は岸信介《のぶすけ》、佐藤栄作、菅直人、安倍晋三とつづいています。

あるとき、山口市でおそば屋さんに入ったんです。庶民的な店だったんですが、ふと見上げると、伊藤博文以来の歴代総理大臣の顔写真が、壁にずらーっとかかっていた。見下ろされているようで、畏《かしこ》まっておそばを食べたものです。NHK大河ドラマ「花燃ゆ」に登場した明治維新の主役たちの多くは、長州藩の松下村塾で、吉田松陰の薫陶を受けた人々です。山口県は、徳川時代から新しい時代へと流れを作った土地というイメージが強いですね。

長州にも、長い雌伏の時代があったんですが、維新後は一転して、長州閥といわれるほど、周防《すおう》国と長門《ながと》国のいわゆる防長出身者が日本の政治経済を牛耳っていきました。それに対する反発というものも、けっこうありましたが。

大企業の創業者もずいぶんたくさん出ていて、日産コンツェルンの創始者・鮎川義介《あいかわよしすけ》さんが、現在の山口市出身です。父親が長州藩士、母親が明治の元勲・井上馨《かおる》の姪《めい》だったそうです。旧満州で重工業を推進して、やがて国際的な規模の企業体になっていきました。

鮎川さんの義弟で、日立の創業者・久原房之助《くはらふさのすけ》さんも、現在の萩《はぎ》市出身です。「日本のエジソン」と言われ、東芝の前身を作った藤岡市助さんが、現在の岩国市出身、日本水産は下関市が発祥の地。最近の方ですと、ユニクロの創業者・柳井正さんが宇部市出身です。

頭脳明晰で弁が立ち、繊細かつ抒情的

山口県人と議論をして、勝つのは難しいと、ものの本に書かれているそうですが、頭脳明晰《めいせき》で、弁が立つ方が多いようです。私の同業の小説家にも、山口に縁のある方がたくさんいますが、確かに、印象としては一家言を持ち、論が立つ人が多いです。

ユニークな作家も出ています。私がある新人賞の選考に関わっていたとき、赤江瀑《ばく》さん（下関市出身）の作品に接して、「この人はすごい」と強く推薦しましたが、その後、泉鏡花文学賞も受賞するなど活躍されました。

直木賞作家の伊集院静さんが防府《ほうふ》市、古川薫さんが下関市の出身です。芥川賞の受賞時の記者会見で、「もらっといてやる」と発言してマスコミの注目を集めた田中慎弥さん（下関市）。「これこそ長州の人だな」と思いました。

防府市出身の髙樹のぶ子さんも、論客です。宇野千代さんも岩国市の出身。大正から昭和初期の詩人、金子みすゞさん（長門市）ゆかりの地には、みすゞ通りとか、みすゞ公園と、その名の付いた場所がたくさんあります。小学校の国語の教科書にのったり、テレビの公共広告で流れたりして、ブームになりましたが、岩波文庫の『日本童謡集』に「大漁」という詩が入っています。港は大漁でにぎわって活気があるけど、海の底で

は大羽鰮《おおばいわし》の家族が弔いをやっているという、ドキッとさせられる内容です。

詩人ではほかに、漂泊の俳人・種田山頭火《たねださんとうか》（現・防府市）、中原中也《ちゅうや》（山口市）……。繊細な感性をお持ちの方が多いです。山口県の人には、そんな心に沁《し》みるような、繊細で抒情的な面があり、しかしその一方で、強烈に質実剛健で力強い面もある。

いまでも思い出しますが、ある冬、山口市の日本旅館に泊まったんです。部屋がひどく冷えて、寝付けないものですから、仲居さんに毛布の追加を頼んだ。そうしたら、「何を言うんですか。昔の山口中学の生徒は、冬でも靴下を履きませんでした」と、叱られてしまった、「寒い暑いなんて、男の子は言うものじゃない」と。

お客に向かって、男子たるもの、ぴしっと生きなさい、というところが長州流ということなんでしょうか。

青春を共に謳歌した、星野哲郎と吉岡治

山口県出身の音楽関係者は星野哲郎さん（周防大島《おおしま》町）、吉岡治《おさむ》さん（現・萩市）。このお二人とは、私は若いときに結構仲良しだったんです。星野さん作詞の『おんなの宿』は、大下八郎さんが歌っていました。

おんなの宿　（作詞＝星野哲郎　作曲＝船村徹）

想い出に降る　雨もある
恋にぬれゆく　傘もあろ
伊豆の夜雨を　湯舟できけば
明日の別れが　つらくなる

たとえひと汽車　おくれても
すぐに別れは　くるものを
わざとおくらす　時計の針は
女ごころの　かなしさよ

古いと思いながらも、聴いていると、知らず知らずジーンとして、自分もやっぱり日本人なんだなと、思い知らされる歌ですね。

私が二十代の終わりから三十代にかけて、作詞の仕事をしていたころ、最年長の兄貴分的存在が、星野哲郎さん、二歳下で同輩格の吉岡さん、ちょっと若手に中山大三郎さんがいました。まだ歌謡曲が世間から評価されていない時代で、肩身が狭いような、それでも意気高らかに〝青春〟を謳歌《おうか》していたものです。

星野さんの詩は、噛《か》めば噛むほど味があって、一番の歌詞よりも、二番、三番にどんどんいい言葉が出てくるんです。「春は二重に　巻いた帯、三重に巻いても　余る秋」（『みだれ髪』）など、名文句が出てきます。『おんなの宿』でも、「すぐに別れはくるものを　わざとおくらす時計の針」と、味のある歌詞です。

私の小説『艶歌』が映画化されたとき、星野さんに主題曲を書いてもらったんです。「俺が浮べばあいつが沈む」というフレーズがあって、「なるほどね」と感じ入ったものです。

吉岡治さんは、サトウハチローの門下生で、初めのうちは、本当にかわいらしい童謡を書いていました。同門の奥さんとの暮らしは、とてもつましいもので、吉岡さん、こんな風に一生暮らすのかなと思っていたら、突如、『大阪しぐれ』『さざんかの宿』『真赤《まっか》な太陽』と大ヒットを連発して、あっという間に歌謡界の大家になってしまいました。

出世作が『真夜中のギター』というフォークっぽい歌で、千賀かほるさんが歌ってヒットしました。『天城越《あまぎ》え』の吉岡治とは思えない、爽《さわ》やかな青年らしい曲です。

真夜中のギター　（作詞＝吉岡治　作曲＝河村利夫）

街のどこかに
淋《さみ》しがり屋がひとり
いまにも泣きそうに
ギターを奏《ひ》いている
愛を失くして
なにかを求めて
さまよう　似たもの同士なのね
此処へおいでよ
夜はつめたくながい
黙って夜明けまで
ギターを奏こうよ

「あなたを殺していいですか」（『天城越え』）という、女ごころの葛藤を歌う演歌と、それまでの童謡との間をつなぐようなこの曲で、吉岡さんも一皮剝《む》けたなと感じました。

周囲も「治ちゃん、治ちゃん」って言っていたんですが、いつのまにか「吉岡先生」になっていました。星野さんといい、吉岡さんといい、いまや昭和、平成の歌謡シーンを語るには、欠かせない大家です。

童謡の話が出ましたが、『ぞうさん』『一年生になったら』でおなじみの、まど・みちおさんも、周南《しゅうなん》市の出身です。二〇一四（平成二十六）年に、百四歳というお年で亡くなられましたが、穏やかな笑顔がとてもすてきでした。

日本最古の木造橋、岩国の錦帯橋

山口県からは、歌手の方もたくさん出ていて、二村《ふたむら》定一さん、藤原義江さん、林伊佐緒さん、松島詩子《うたこ》さんと、錚々たるメンバーです。藤原義江さんが長州というのはちょっと驚きですが、下関市の出身だそうです。

かつて下関は、神戸、横浜、函館に匹敵する、アジア各国への玄関口だったんです。戦前の子どものころ、私は朝鮮半島にいたものですから、内地と往復するときには、下関と釜山《プサン》を結ぶ関釜《かんぷ》連絡船に乗ったものです。高麗丸とか、金剛丸など、当時としては豪華客船で、下関に入港するときは胸が躍りました。輸入されてきたバナナの叩《たた》き売りが有名で、昔は私たちも、その口上のまねをして遊んだものです。

林伊佐緒さんも下関の出身で、『ダンスパーティーの夜』を作曲されています。

ダンスパーティーの夜　（作詞＝和田隆夫　作曲＝林伊佐緒）

赤いドレスが　よく似合う
君と初めて　逢ったのは
ダンスパーティーの　夜だった
踊りつかれて　ふたりで
ビルのテラスに　出てみたら
星がきれいな　夜だった

燃える思いを　秘めながら
そっと唇　ふれたのも
ダンスパーティーの　夜だった
甘くせつない　ブルースよ
なんにもいわずに　頰《ほほ》よせて
ふたりいつまでも　踊ったね

この歌は、一九五〇（昭和二十五）年ごろ、私が高校生のころヒットして、当時すごくモダンに聴こえたものです。

山口県出身の文化人はといえば、マルクス主義経済学者の河上肇《はじめ》さん、歴史学の奈良本辰也《たつや》さん、広辞苑の編纂《へんさん》をした新村出《しんむらいずる》さん。近代日本画の父と言われる狩野芳崖《かのうほうがい》など、文化の面でも重厚な顔ぶれです。数学のノーベル賞とされるフィールズ賞受賞の広中平祐《へいすけ》さんが岩国市の出身。

岩国に、錦帯橋《きんたいきょう》という有名な橋があります。昔、テレビのロケで浴衣姿に下駄を履いて渡ったことがあり、懐かしいです。木造の橋としては日本最古、五つのアーチで長さは二〇五メートルあるそうです。昨今は機能優先の橋が多いですが、よくあんな精巧な橋を作ったものだと思います。

山口で日本初ということでは、五右衛門風呂。宋の国にあった、鉄の湯船をまねたのが始めだそうです。日本一では、ふぐの水揚げが全国シェアの八割、おみくじの生産が六割だそうで、思いがけないものがありますね。

下関市出身の山本譲二さんが歌う、『みちのくひとり旅』をご紹介しましょう。

みちのくひとり旅　（作詞＝市場馨《かおる》　作曲＝三島大輔）

ここでいっしょに　死ねたらいいと
すがる涙の　いじらしさ
その場しのぎの　なぐさめ云って
みちのくひとり旅
うしろ髪ひく　かなしい声を
背《せな》でたちきる　道しるべ
生きていたなら　いつかは逢える
夢でも逢えるだろう
（中略）
たとえどんなに　つめたく別れても
お前が俺には　最後の女
たとえどんなに　流れていても
お前が俺には　最後の女

山口県を展望して、そのすべてを語ろうとしたら、ここで収まりませんので、今回は、入り口からカーテンを開けて、ほんのちょっと垣間見た程度とご了解いただきたいです。こうして見てくると、一つの県や地域を、こういう所だと決めてはいけないことがよくわかります。毎回のことですが、山口県も底の深い土地だとつくづく思いました。

四国を訪ねて

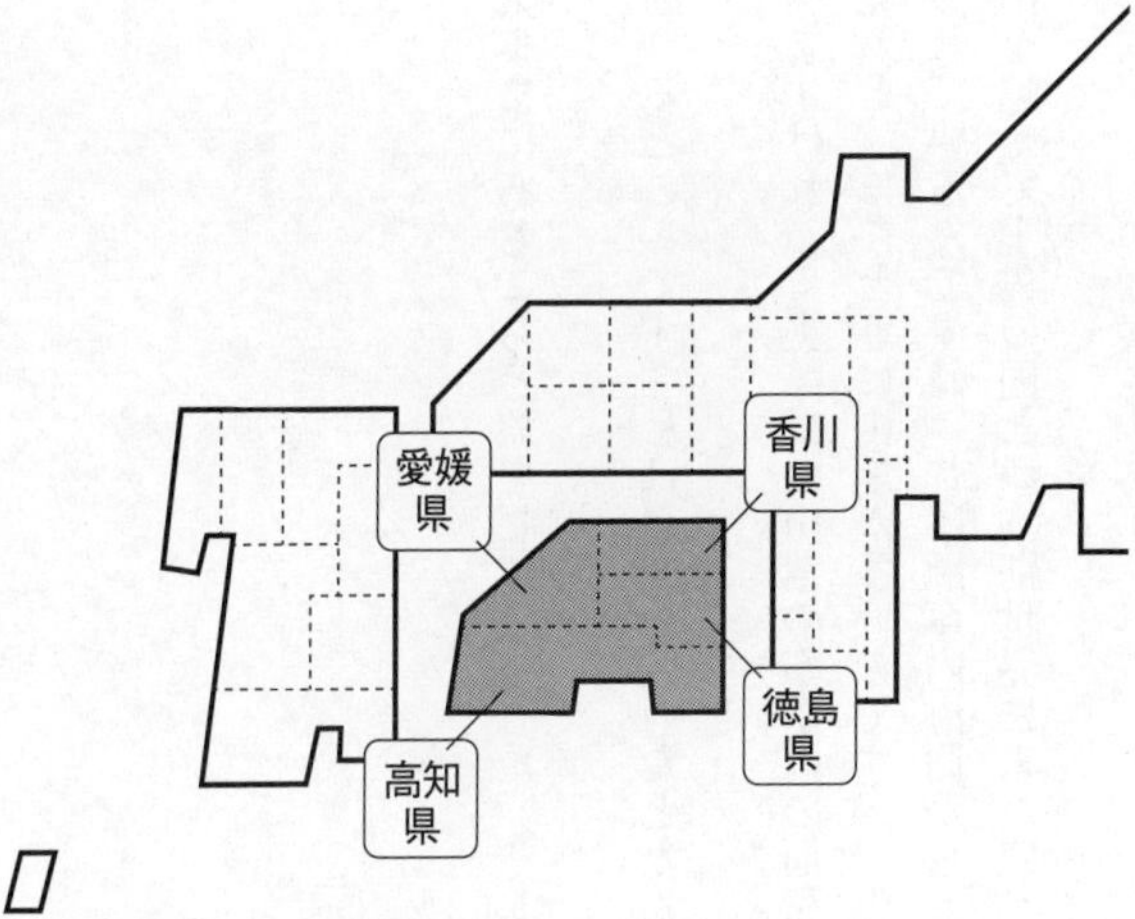

高知

「はちきん」と「いごっそう」の国

これまで日本列島の東西南北の国を、気ままにあちこちと旅をして来ました。そして今回は、初めての四国、土佐の高知です。

四国では、高知県が愛媛と並んでよく訪れるところです。私は高知と聞いたとたん、何か気持ちが和らぐ感じがします。

だれもが、高知というと海を思い浮かべますけれど、実際には山地の率が県の面積の九割近くだそうです。日本列島を空から見ると、ほんとうに山地が多いのですが、中でも四国は四つの県がきれいに山地で区切られているんですね。昔は瀬戸内海側から太平洋側に列車で越えて行くときは、国境の山を越えて土佐の国という別世界に来た感じがしたものです。

この四国山地に隔てられていたからこそ、高知も個性的な県になったのかもしれませんね。自然が豊かで、県内を流れる四万十川《しまんと》は清流として知られています。四万十市出身の作家笹山久三《ささやまきゅうぞう》さんに『四万十川』という小説があります。四万十川を舞台に、そこで成長していく少年の話ですが、坪田譲治文学賞を受賞し、映画にもなり全国的にも有名な作品ですね。

土佐の高知は、昔から四国の片田舎ではなく、日本の中でも重要な位置を占める全国区のイメージがあります。坂本龍馬をはじめ、維新に活躍した人物も多い。また明治の初めには、板垣退助などが推進した自由民権運動の流れの中で「立志社」というグループが生まれるなど、地方でありながら日本全体の政治にかかわってきた歴史があります。四国、高知にゆかりのある作家・安岡章太郎さんが、そのあたりの歴史を小説の中で細かくお書きになっています。

ただ私が高知をおもしろく思うのは、そういう歴史の表舞台に立った人のことだけではないんです。

高知へ行って地元の方たちと話すとき、よく「はちきん」ということばが出てきます。快活で溌剌《はつらつ》とした女性のことを言うんですが、そういう元気な女性が多いのも、土佐の特色の一つだと思います。

また、頑固で気骨のある男性のことを、土佐では「いごっそう」といって、津軽の

「じょっぱり」、肥後の「もっこす」と並んで、日本の三大頑固者と言われています。高知と聞くと、そういう個性的な人間像が浮かんでくるものですから、ついにんまりしてしまうんです。

高知では、『南国土佐を後にして』というユニークなお国自慢の曲が生まれています。ご当地ソングの横綱格です。一九五九（昭和三十四）年にＮＨＫの高知放送局の記念番組で、それまでこういうタイプの曲を歌っていなかったペギー葉山さんが歌って以後、大ヒットしました。

じつはこの話が来たとき、ペギーさんには「どうしてジャズ歌手の私が？」という葛藤があったそうですが、「いまとなっては、この歌のおかげで好きなジャズもみなさんに聴いていただける」とおっしゃっていました。

南国土佐を後にして　（作詞・作曲＝武政《たけまさ》英策）

南国土佐を　後にして
都へ来てから　幾歳《いくとせ》ぞ
思い出します　故郷の友が
門出に歌った　よさこい節を

土佐の高知の　播磨屋橋《はりまやばし》で
坊さんかんざし　買うを見た

月の浜辺で　焚火《たきび》を囲み
しばしの娯楽の　一時《ひととき》を
わたしも自慢の　声張り上げて
歌うよ土佐の　よさこい節を
みませ見せましょ　浦戸《うらど》をあけて
月の名所は　桂浜《かつらはま》

「坊さんがかんざしを買ってどうするんだよ」と、突っ込みたくなって、思わず笑ってしまいますね。

歌の中に民謡の一節が入る名曲は数々ありますが、『ひばりの佐渡情話』などは、何か切なく、胸をぎゅっと締めつけられる思いがします。それに対してこの曲の明るさは、歌の舞台となった日本海と太平洋の違いなのかもしれませんね。海の色も違うし、空の色も違うような気がします。

豪放磊落にして繊細な気風

高知は、カツオの一本釣りでも有名です。

高知へ行くと、大きなお皿にカツオのたたきが寿司、揚げ物、煮物、酢の物など、いろいろな料理と一緒に盛られて「ドーン」と一気に出てきますので、私みたいに気の短い九州人には非常にありがたいですね。酒の肴《さかな》から甘いものまで一緒に盛るこの皿鉢《さわち》料理は、なんとも豪快な宴会料理です。酒飲みも下戸も、共に箸で突っついて食べる、和気藹々《わきあいあい》とした感じが好きです。

高知からはいろんな方が出ていらっしゃいますが、作曲家では弘田龍太郎さん（安芸《あき》市出身）。大正の後半から昭和の初めにかけて、童謡運動という大きな流れがありました。弘田さんはその中で大きなお仕事をなさった方で、「ちいちいぱっぱ　ちいぱっぱ」という歌い出しで有名な『雀《すずめ》の学校』とか、『靴が鳴る』『浜千鳥』『春よ来い』などの名曲があります。『叱られて』という曲などは、歌うと胸がキューンとします。

当時、童謡というのは子どもの歌というだけでなく、広く一般の人たちに歌われ親しまれていました。弘田龍太郎さんは、日本を代表する作曲家と言ってもいいと思います。

高知の吾川《あがわ》郡伊野町（現・いの町）出身の作曲家、平井康三郎《こうざぶろう》さんも、大御所といっていい存在です。日本の名歌として必ず名が挙がるのが『平城山』という曲です。

平城山　（作詞＝北見志保子　作曲＝平井康三郎）

人恋ふは
悲しきものと
平城山に
もとほり来つつ
たえ難かりき

古へも
夫に恋ひつつ
越えしとふ
平城山の路に
涙おとしぬ

どちらかというと、コンサートホールなどで聴くのがぴったりの、堂々たる曲ですが、多くの人に愛唱されてきました。いまでも高校の合唱などで歌われていますね。

高知は豪快だといいましたが、メロディーを聴くと、豪放磊落《ごうほうらいらく》なだけではなく、繊細で奥行きのある気質も兼ね備えているような気がします。心の中に深い悲しみをいっぱい湛《たた》えているような人が、表面は明るく豪快に振る舞うことが多い。私にとっても、高知には相反するイメージがあるんですね。

映画『足摺岬』の切なさ

大学に入ったばかりのころだったと思いますが、『足摺岬《あしずりみさき》』という映画がありました。木村功《いさお》さんが演ずる学生が挫折し、絶望の中、知り合いの女性がいる足摺岬へ向かう。彼女はすでに嫁ぐことが決まっていたのですが、主人公は彼女に励まされて人生をまたやり直すことを決意する。小説家・田宮虎彦《とらひこ》さんの短編をもとに製作された映画です。

その当時の私はアルバイトに汲々《きゅうきゅう》として、授業にも出られず、情けないなと思っていたころで、この映画を観て、ほんとうに身につまされる思いがしました。私の中の高知には、「土佐の高知のはりまや橋」みたいな明るい面がある一方、映画『足摺岬』のような切ない一面もあるんです。

田宮虎彦さんは、ご両親が高知出身のようですけれど、高知出身の作家の方はずいぶんいます。男性で思い浮かぶのは、上林暁《かんばやしあかつき》さん、安岡章太郎さん、山本一力《いちりき》さんもそうですね。

女性作家も多く、宮尾登美子さんもそうです。宮尾さんの『天璋院篤姫《あつひめ》』はＮＨＫの大河ドラマ「篤姫」の原作になりました。ほかに倉橋由美子さん、大原富枝《とみえ》さん、小山いと子さんなどがいらっしゃいます。坂東眞砂子《ばんどうまさこ》さん、畠中恵《はたけなかめぐみ》さんも高知生まれでしたね。それに『毎日かあさん』の漫画家・西原《さいばら》理恵子さんもいます。

かつて倉橋由美子さんが颯爽《さっそう》と文壇に登場したときには、「女性のカフカが出てきた」という驚きの目でみたものです。高知の女性作家は気丈で、「男には負けないぞ」という凛《りん》とした「はちきん」的な感じがあります。

日本を動かす人材供給の場

一方、男性もやはり一癖ある個性的な方が多くて、土性骨《どしょうぼね》の通った漫画家がたくさん出ているところでもあるんです。

『アンパンマン』のやなせたかしさん、はらたいらさん、『土佐の一本釣り』の青柳裕介さん、黒鉄《くろがね》ヒロシさん。黒鉄さんは、まさに「土佐っぽ」ともいうべき方です。歴史を的確におさえ、漫画の背景に骨太な精神が一本通っています。

少し前には『フクちゃん』の横山隆一さん、朝日新聞に「社会戯評」を連載されていた横山泰三《たいぞう》さんご兄弟がいます。お兄さんの隆一さんは、丸々としたなんともいえないユーモアのある円満な方で、国民的な漫画家でした。また弟の泰三さんの、非常に鋭い風刺眼から生まれる表現が絶妙でした。

漫画はもともと世相風刺が込められた表現形式で、明治のころの漫画は戦争批判をするなど政治的で、大逆事件で処刑された思想家の幸徳秋水の出版物にもたくさん漫画がありました。秋水も高知県の出身です。そういう風土だからこそ、いまなお綿々とすぐれた漫画家を輩出しているのでしょう。

やなせたかしさんは、童話だけではなく、歌の作詞もされていて、『手のひらを太陽に』もその一つです。

三・一一、東日本大震災の後、『手のひらを太陽に』が、みんなを励ます歌としてあちこちで歌われたということが報道されていました。作曲はいずみたくさん。お二人とも、ひらがなのお名前ですね。

手のひらを太陽に　（作詞＝やなせたかし　作曲＝いずみたく）

ぼくらはみんな　いきている

いきているから　うたうんだ
ぼくらはみんな　いきている
いきているから　かなしいんだ

てのひらを太陽に　すかしてみれば
まっかにながれる　ぼくのちしお
みみずだって　おけらだって
あめんぼだって
みんなみんな　いきているんだ
ともだちなんだ

ところで、幕末の土佐藩藩主・山内容堂公は気骨のある方だったそうで、ロック歌手の柳ジョージさんが惚《ほ》れ込んで、歌を作っていらっしゃいます。柳さんは司馬遼太郎さんのファンで、容堂を主人公にした『酔って候』という作品が好きで、司馬さんにわざわざ断ってこの曲を作ったそうです。

酔って候　（作詞・作曲＝柳ジョージ）

土佐の鯨は　大虎で
腕と度胸の男伊達《おとこだて》
いつでも　酔って候

酒と女が　大好きで
粋な詩《うた》も雪見詩《ゆきみうた》
いつでも　酔って候

鯨海酔候《げいかいすいこう》　無頼酒《ぶらいざけ》
鯨海酔候　噂の容堂《ようどう》

歌を聴いていると、こういう新しいところまで土佐・高知のカラーが出る。ということは豪快で、繊細で、幅広い、やはり奥が深い国だと思います。

「男もすなる日記といふものを、女もしてみむとてするなり」で始まる紀貫之の『土佐日記』がありますけれど、平安時代、日記を書くのは男で、文字は漢字を使うのがおきまりでした。ところが、女のふりをして仮名で日記を記す男性がいた。中世の昔から何か新しいことに挑戦しようというパワーのある県なのかもしれません。高知はこれからも日本を動かす人材を供給する場となって、ここから生まれたエネルギーが、日本全体に大きな力をもたらしてくれるのではないかという気がします。

やはり、坂本龍馬が、だてに有名なだけではありませんね。

香川

海上交通の守り神・金刀比羅宮

香川県は四国とはいえ、本州四国連絡橋でつながってからは、感覚的に近くなりました。そのせいか、私も四国の中では、比較的多く足を運んだところです。

香川といえば、まずは金毘羅《こんぴら》さん（金刀比羅宮《ことひらぐう》）。古より海上交通の守り神です。それにもう一つ、弘法大師ゆかりの善通寺。ともに香川の名所の双璧で、昔から歌にも歌われ、浪曲や講談にも出てきます。

金毘羅さんは、森の石松が、親分の清水次郎長の代参でお参りに来る。その帰路の船中での「あんた江戸っ子だってね、食いねえ、寿司を食いねえ」の場面は、浪曲師・広沢虎造の名調子のおかげで、誰でも知っていますね。私も、子どものころ父のレコードでなんども聴いて、その声色まで、よく覚えているくらいです。

さて、その金毘羅さんですが、御本宮までの参道の石段が長く、上るのが大変だとよく聞きます。私は階段を上るのは嫌いではないので、奈良の室生寺《むろうじ》でも、七百数十段の石段を喜んで上ったものです。上り方にちょっとコツがありましてね、「ナンバ歩き」といって、同じ側の手と足を出すように歩くと、比較的楽に行けるんです。見た目は格好悪いですが。

以前、『百寺巡礼』という本を書いたときに、もう一つの名所である善通寺にも行きました。善通寺も、香川にとって大きな存在だと思います。弘法大師空海は、現在の善通寺市の生まれですから、そもそも讃岐《さぬき》そのものが、弘法大師ゆかりの地なんです。

空海は偉大な宗教人であるばかりか、水利事業のようなテクノロジーから、芸術・学術まで、さまざまな分野で成果をあげた、万能の天才です。日本のレオナルド・ダ・ビンチともいうべき人ですからね。よくあんな人が出たものだとびっくりさせられます。

善通寺市を歩くと、「空海のふるさと」の看板をあちこちで目にします。お大師さんは、いまでも地元で愛されているんだなと実感しました。

ところで地元ばかりか全国的に愛された、香川県ゆかりの歌手がいました、「ブギの女王」、笠置《かさぎ》シヅ子さんです。現在の東かがわ市の出身です。

陽気で明るくて、終戦直後の日本人に、戦争の傷跡から立ち直るエネルギーを与えた歌い手さんです。代表曲は『東京ブギウギ』。かつては笠置さんのステージを一目見ようと、日劇を観客の長蛇の列が取り囲んだそうです。「一つの時代を画した」という表現にふさわしい、大歌手ですね。

東京ブギウギ　（作詞＝鈴木勝　作曲＝服部《はっとり》良一）

東京ブギウギ　リズムうきうき
心ずきずき　わくわく
海を渡り響くは　東京ブギウギ
ブギの踊りは　世界の踊り
二人の夢の　あの歌
口笛吹こう　恋とブギのメロディー
燃ゆる心の歌　甘い恋の歌声に
君と踊ろよ　今宵《こよい》も月の下で
東京ブギウギ　リズムうきうき
心ずきずき　わくわく
世紀の歌　心の歌　東京ブギウギ（ヘイ）

一度聴いたら忘れられない、インパクトのある歌です。笠置シヅ子さんには、ブギのようなリズムのはっきりした歌が多いですね。この曲を作曲した服部良一さんも才能豊かな方で、抒情豊かな歌もある一方、こういうジャズっぽい歌も見事にこなしています。

空海のため池から国際芸術祭まで

さきほど水利工事の話題が出ましたが、香川には一万四千を超えるため池があるそうです。満濃池《まんのう》はじめ、ため池があちこちにあるんですが、どこへ行っても、これは弘法大師が造ったとか、補修工事をしたという言い伝えがあるくらいです。

讃岐の地へ来て思うのは、この土地が一種独特というか、アートに近い地形なんですね。擂《す》り鉢《ばち》をかぶせたような形の山がいくつも連なっていますし、ため池が多い風景は、ときには人工的な未来都市を想像してしまうくらい。いわゆる、日本的な「兎追いしかの山」という感じではない。

瀬戸内国際芸術祭という、瀬戸内海に浮かぶ十二の島々と二つの港をアートで結ぶ試みがあるんです。豊島《てしま》や直島《なおしま》など、ユニークな島々とアートの両方が楽しめるのです。美術館を訪ねるという普通の鑑賞とは違って、現代アートをたどりながら島を巡るというアイデアはすごいです。

香川県には島が百十余りあり、それを橋や船でつないでいます。

瀬戸内海の、そんな光景を歌ったのが、青木光一さんの『小島通いの郵便船』。一九五五（昭和三十）年の曲です。

小島通いの郵便船　（作詞＝上尾美代志　作曲＝平川英夫）

海をへだてた　二つのこころ
思い通わす　たより船
いとしあの娘《こ》も　みかんの木陰
待っているだろ
小島通いの　小島通いの郵便船

青木さんは、戦前の日本の流行歌手のスタイルで、トレーニングをよく積んだきれいな声で歌うんです。戦後、ハスキーな声が一世を風靡しても、決してなびかずに、昔の流行歌の味わいを守っていた方です。

「うどん県」は法然流刑の地

さて、香川県といえば「うどん県」。讃岐に来ると、どうしても、うどんを食べたくなる。あるとき、うどん屋さんに行きましたら、バスから大勢の人が降りてこられて、うどんを食べてスタンプを押してもらっていました。香川県内のうどん屋さんを回る、「うどん遍路」というご一行らしく、びっくりしました。聞けば、人口十万人当たりのうどん屋の数が、全国平均の三・四倍で、全国一位だそうです。いつの間にか、観光名物にもなっていたんですね。

うどんだけではなくて、日本一のものが、香川には多いんですよ。たとえば、丸亀のうちわと扇子、小豆島のオリーブの生産もそうです。面積は日本でいちばん小さい県なのにね。

そういえば、料理研究家の土井勝《まさる》さんが高松の出身でしたね。「おふくろの味」を広めた方です。お二人の息子さんも料理研究家で、二男の善晴《よしはる》さんは『ラジオ深夜便』の雑誌でもおなじみですね。

私は、一度、小豆島の山道を、車で通ったことがあります。小豆島というから小さい島だと思い込んでいたら、大きいんで、大豆島じゃないかと思って、おかしくなりました。

戦後すぐ、この小豆島を舞台にしたベストセラーがあります。現在の小豆島町出身の作家、壺井栄の『二十四の瞳』。木下惠介の監督で映画化され、こちらも大ヒットしました。若き高峰秀子さんが主役の女教師・大石先生を演じていました。

懐かしい曲がいっぱい使われていた映画で、木下監督は童謡や唱歌を多数使う方針だったそうです。映画の中で、戦争が終わり、かつての教え子が集まった同窓会のシーンで、教え子のマスノ役の、月丘夢路さんが歌った『浜辺の歌』も忘れられません。

浜辺の歌　（作詞＝林古渓　作曲＝成田為三）

あした浜辺を　さまよえば
昔のことぞ　しのばるる
風の音よ　雲のさまよ
寄する波も　貝の色も

俳優さんや女優さんは歌のうまい人が多いんですけれど、正確な音程で歌われているのでびっくりしました。

小豆島は、懐かしい『二十四の瞳』だけでなく、『八日目の蟬《せみ》』（角田光代原作　成島出《いずる》監督）などの、新しい感覚の映画の舞台にもなっています。オリーブの生えている光景が、ヨーロッパのギリシャや地中海を想像させて、作り手の意識を刺激するからかもしれませんね。

そういえば若いころ、小豆島を舞台にした、『オリーブ色の故郷』という歌を作ったことがあります。作曲は、先日お亡くなりになった越部信義さんで、自分ではいい歌だと思ったんですけれど、本人がおもしろがっているほど世間がおもしろがってくれなかったようです。

「讃岐男と阿波女《あわおんな》」ということばがあります。男性はやさしくておだやか、人当たりがいい。阿波女は働き者で、讃岐女は何事にも積極的で、進取の精神に富み、自立心が強いと言われているとか。

女子教育の先進地だそうで、一九〇六（明治三十九）年に丸亀和洋裁縫女学校、一九一七（大正六）年に明善高等女学校など、女性の学校が早くからできているそうです。女性で、日本初の博士号を取られたのも香川県の保井《やすい》コノさんという方で、一八八〇（明治十三）年生まれ、今のお茶の水女子大学に学んだ植物学の博士だそうです。

かつて法然上人が都から四国に流罪になったとき、讃岐にしばらく逗留して、人々に教えを説いたそうです。女性が活躍している背景には、そんなことがあったのかもしれませんね。

平賀源内からマブチモーターまで

香川県出身の方といえば、菊池寛が高松市の出身です。私事で恐縮ですが、菊池寛賞をいただいたことがあって、恩義を感じているんです。菊池寛は文藝春秋社を興し、芥川賞、直木賞の創設もしています。小説家としてもなかなか優れた作品を残している方ですが、出版やジャーナリズムの世界に、大きな功績を残した方です。作家では『野獣死すべし』や『蘇《よみが》える金狼《きんろう》』で知られる大藪春彦さんのルーツが、やはり香川だと聞いています。生まれはソウルですが、一時山形県酒田市に移り、教師だったお父様と北朝鮮に渡り、敗戦後、苦労して帰国。祖母の住む善通寺を頼って、そこで育ったそうです。

また、ハードロマンから動物物語まで幅広い作品のある西村寿行《じゆこう》さんが、高松から五キロほどの男木島《おぎしま》の出身（現・高松市）です。『君よ憤怒《ふんぬ》の河を渉《わた》れ』『犬笛』『赤い鯱《しやち》』を始めとする「鯱」シリーズがあります。お二人の作品には、理屈を言うより、行動していくタイプの主人公が多いですね。

江戸時代に遡ると、エレキテルの平賀源内が、現在のさぬき市出身です。この人は発明家というイメージが強いんですけれど、本質は優れた戯作をものした、文化人、思想家でした。

発明家としての源内の後継者ともいえるのが、高松市出身のマブチモーター創業者・馬渕健一さん。有鉄心の小型モーターでは、世界総額の五割がマブチの製品だそうです。

さて、最後にご当地ソングの『瀬戸の花嫁』を取り上げましょう。小柳ルミ子さんが可愛かったですね。日本の歌謡曲というのは寂しい曲が多いんですけれど、この『瀬戸の花嫁』の明るさは、得がたいものがあります。

瀬戸の花嫁　（作詞＝山上路夫　作曲＝平尾昌晃《まさあき》）

瀬戸は日暮れて　夕波小波
あなたの島へ　お嫁にゆくの
若いと誰もが　心配するけれど
愛があるから　大丈夫なの
だんだん畑と　さよならするのよ
幼い弟　行《ゆ》くなと泣いた

男だったら　泣いたりせずに
父さん母さん　大事にしてね

いまでも瀬戸内海のちょっとしたフェリーに乗りますと、船内放送でこの曲が流れてくるんです。聴いているほうも、つい口ずさんでしまう。やはり名曲ですね。中国地方との間の瀬戸内海は、幅も狭く、古くから渡し船が通り、人の行き来も多いので、文化交流も盛んでした。そこから物語が生まれたり、歌が生まれたのかもしれません。

こうしてみると、奥が深い県ですね。小さな県に、たくさんのものがぎゅうっと詰まった感じがします。我が国の女性博士の嚆矢《こうし》と言われた方が出たのをはじめ、新しいことに寛容で積極的な土地柄なのかもしれませんね。

出身の人物も多彩です。その多くが陽性で明るい感じがして、ジメジメしていない。そういう県民性なのではないかと思います。

徳島

宇宙的広がりをもつ弘法大師

四国・徳島というと、海に面して、青空に白い雲が浮かび、菜の花が咲き、のどかで心がほっとするイメージがあります。

私も取材などでよく行きましたが、最初にお遍路の心得を教えられました。のどかな雰囲気のお遍路ですが、そもそもは人間が最後にたどり着く「死」を覚悟しながら、白い装束に身を固めて行くわけですから、じつは、非常に深く、緊張感ある行なんです。

徳島には、四国八十八ヶ所霊場札所の、一番から二十三番までがあり、弘法大師の発心《ほっしん》の道場と言われています。弘法大師にゆかりが深く、仏壇、仏具の生産量も多いところだそうです。

仏教には、ちょっと厳粛なイメージが付きがちですが、弘法大師空海という人には、それを超えた、宇宙的といいますか、時間や空間を超えてはるかに広がっていくような、大らかでのびのびしたところがあります。

司馬遼太郎さんが『空海の風景』という小説をお書きになったとき、周囲の人たちは驚いたそうです。「えー、弘法大師を小説に書くのか」と。空海という人は偉大な宗教家である一方で、漢詩人としても、書家としても、超一流の文化人でした。ありとあらゆる才能を一身に集めたような存在ですし、伝説や伝承も数多い。小説の限界を超えたスケールの大きい人物に挑戦するというので、驚かれたんでしょうね。

徳島には川がたくさん流れていますが、有名なのは四国三郎とも呼ばれる吉野川。坂《ばん》東《どう》太郎の利根《とね》川に、筑紫《つくし》次郎の筑後《ちくご》川、そして四国三郎の吉野川です。吉野川は「阿波《あわ》の金蔵《かねぐら》」と言われていたそうです。藍《あい》が多く穫れたこともその理由ですが、暴れ川で、氾濫すると、下流に肥沃な土を運んできてくれたからだそうです。エジプトやメソポタミア地方などでも、洪水が「神の恵み」と言われたのと同じですね。

徳島の歌い手さんで、アンジェラ・アキさんが板野《いたの》町出身です。ピアノの弾き語りの眼鏡の女性で、ふるさとを歌っている『HOME』という曲があります。

HOME　（作詞・作曲＝アンジェラ・アキ）

繊細な糸で素朴な町に縛り付けられてた頃
見上げるたびに空は映した
遥《はる》かに遠い世界を
小さな場所を後にしてから
どれくらいもう経つのだろう

Home is calling
ふるさと　心の中で今でも優しく響いてる
寂しさが染み付いた夢の無い夜には
あなたを呼んでいる

（略）
過去と今の間のとばりを
そっと開いてみると
空の割れ目から零《こぼ》れる光が
巡る時代を指していた

ふるさとの家を歌った『柿の木坂の家』（広島、佐賀参照）という昔の曲がありますが、同じ故郷の家を思うにしても、表現のしかたがずいぶん変わってきているんですね。

SF小説の父、海野十三

作家の瀬戸内寂聴さんは徳島市出身で、ご実家は、仏壇を扱うお店だったそうです。徳島県立文学書道館には、瀬戸内さんの記念室があります。寂聴さんはよく存じ上げています。徳島を代表するというより、瀬戸内さんが徳島を背負っているような感じがするくらいです。

ほかにも、日本のSF小説の父の一人と言われている、海野十三《うんのじゆうざ》さんが徳島市出身。私の小学生時代は、海野十三、南洋一郎《みなみよういちろう》、山中峯太郎《みねたろう》の三人が、少年たちのアイドルでした。

海野十三はSFっぽい新しい小説のスタイル。南洋一郎は冒険小説もの、山中峯太郎は軍事・探偵もの。僕らにとっては懐かしい作家の一人です。

写真家の立木義浩《たつきよしひろ》さんも、徳島市出身です。仲間内では、「たっちゃん」と呼んでいました。私たちの世代の写真家では、立木さん、篠山紀信《しのやまきしん》さん、荒木経惟《のぶよし》さんなどが活躍しましたが、立木さんはスター中のスターでした。朝の連続テレビ小説「なっちゃんの写真館」は、立木さんのご実家がモデルだそうです。

徳島はもう一つ、「ウェルかめ」という、朝の連続テレビ小説の舞台にもなっていま

す。それだけ、県のカラーがはっきりしているということなのでしょうか。

漫画家では、『東京ラブストーリー』『あすなろ白書』の柴門《さいもん》ふみさん、『風と木の詩《うた》』や『地球《テラ》へ…』の竹宮恵子《けいこ》さんが、共に徳島市の出身です。竹宮さんは京都精華大学マンガ学部教授で、漫画を教えているんですね。寡黙な方で、みずから「人見知りです」とおっしゃっているそうです。

歌手では、ディック・ミネさんが徳島市。「ディック・ミネ」なんていう芸名は、当時、東海林太郎と比べると、すごくモダンな名前でした。もしかしたら徳島特有の、インターナショナルな雰囲気が、ネーミングの背景にあるかもしれません。

ディック・ミネさんが歌っていたのは、ジャズ・ブルースが多くて、『上海《シャンハイ》ブルース』などもありました。当時のブルースは、言うなれば、いまのニューミュージックです。

上海ブルース　（作詞＝島田磬也《きんや》　作曲＝大久保徳二郎）

涙ぐんでる　上海の

夢の四馬路《スマロ》の　街の灯
リラの花散る　今宵は
君を想い出す
何《な》んにも言わずに　別れたね君と僕
ガーデン・ブリッジ　誰と見る青い月

甘く悲しい　ブルースに
なぜか忘れぬ　面影
波よ荒れるな　碼頭《はとば》の
月もエトランゼ
二度とは逢えない　別れたらあの瞳
想いは乱れる
上海の月の下

癖のある歌い方なんですけれども、それが味になっている。国策振興の国民歌とか、軍歌がもっぱらな時代に、「月もエトランゼ」なんて詞を、よくがんばって歌ったものです。戦前の大政翼賛時代には、心のオアシスとして、好きな人にはたまらなかったんじゃないでしょうか。

阿波おどりに「葉っぱビジネス」

「もし、あぶく銭が入ったら」どうするか、四国四県の県民気質を比べた記述がありました。

香川県民は、そのまま使う。愛媛県民は、それを元手にして増やす。高知県民は、いくらか足して、みんなで飲む。そして、徳島県民は、がっちり貯金する、だったそうです。

県民性を、そう単純にはとらえられないと思いますが、言い得て妙というところがあるかもしれません。徳島の人も、きっと苦笑いしているでしょう。徳島の人は、そのほか、堅実で、勤勉で、やさしくて、信仰心が篤《あつ》い、とあったそうです。

勤勉といえば、最近話題になっている、葉っぱビジネスも徳島県ですね。都会の料亭などで、料理に添えるあしらいに使う葉っぱ（つまもの）を、お年寄りたちがていねいに揃《そろ》えて出荷するのです。それが結構いい収入になって、生きがいにもなっているそうです。

過疎と高齢化の進んだ上勝町《かみかつ》というところで行っていて、全国でも有数の地域活性型農商工連携のモデルとなっています。お年寄りでもできるビジネスはないかと考えたら、軽くてきれいな葉っぱがいいだろうということで始まったそうです。

徳島といえば、阿波おどりも大きな目玉です。四百年の歴史があるそうで、秋田県の西馬音内《にしもない》の盆おどり、岐阜県の郡上《ぐじょう》おどりと並んで、日本三大盆おどりの一つとのことです。連という踊り手の集団を作って踊るんです。作家の田辺聖子さんが阿波おどりが大好きで、編集者や仲間を集めて、ご自分の連を作って参加しておられました。

阿波おどりは、私も何度か見物させてもらっているんですけども、ユーモラスな男おどり、それと対照的に典雅な女おどりと、コントラストがはっきりしていておもしろい。

先ほどご紹介した、漫画家の柴門ふみさんの『東京ラブストーリー』が、一九九一(平成三)年に民放でドラマ化されて、〝月9《げつく》ドラマ〟(月曜夜九時枠に放送されるトレンディードラマ)の先駆けと言われる、人気ドラマになりました。そのテーマソング『ラブ・ストーリーは突然に』を聴いたとき、「あっ、このリズムで阿波おどりが踊れる」と思いました。

まさか小田和正さんが、そのことを意識して曲を作ったのではないでしょうけれど、編み笠《あみがさ》かぶって、白い足袋を履いて踊れば、ぴったり合うなと思いました。

ラブ・ストーリーは突然に　（作詞・作曲＝小田和正）

何から伝えればいいのか
分からないまま時は流れて
浮かんでは　消えてゆく
ありふれた言葉だけ
君があんまりすてきだから
ただすなおに　好きと言えないで
多分もうすぐ　雨も止《や》んで
二人　たそがれ

あの日　あの時　あの場所で
君に会えなかったら
僕等《ぼくら》は　いつまでも
見知らぬ二人のまま

捕虜収容所とベートーベンの『第九交響曲』

徳島の食文化もいいですね。大漁旗が舞っているところで、アワビやサザエの海賊焼きをいただくと、おいしさで心が躍るそうです。それから、酢橘《すだち》。『徳島県民の歌』というのがあって、その歌詞に「さわやかさ　すだちの香り」とあるんです。なんにでも酢橘をかけるのが徳島の方らしいです。

酢橘は私も好きですが、お歳暮などでたくさんいただくと、使い切れなくてちょっと困ることもある。

また徳島の産物で、砂糖の和三盆を忘れるわけにはいきません。

寛政年間から藩の財政を潤してきたそうですし、日本全国の高級和菓子は阿波の和三盆糖を使っているそうです。金沢の和菓子は有名ですが、和三盆を使っています。昔は、砂糖は貴重品中の貴重品でしたから、和三盆なんていったら押《お》し戴《いただ》いて、ほんのちょっと舐《な》めさせていただく、という感じだったのではないでしょうか。

結婚式の引き出物にする、花嫁菓子というものがあるそうです。もち米を焼いた「ふやき」という、薄いおせんべいに、紅白の砂糖水を、刷毛《はけ》で塗ったものです。

鳴門《なると》の渦潮も徳島名物です。歌謡曲には、鳴門の渦潮を歌った曲がたくさんありますね。たとえば伍代《ごだい》夏子さんの『鳴門海峡』です。

鳴門海峡　（作詞＝吉岡治《おさむ》　作曲＝水森英夫）

髪が乱れる　裳裾《もすそ》が濡《ぬ》れる
風に鴎《かもめ》が　ちぎれ飛ぶ
辛《つら》すぎる　辛すぎる　恋だから
夢の中でも　泣く汽笛
鳴門海峡　船がゆく

徳島と音楽の関わりでもうひとつ、とても有名なエピソードがあります。第一次世界大戦中、鳴門市に板東俘虜《ばんどうふりよ》収容所というところがあって、当時の敵国だった、ドイツの軍人を捕虜としてそこに入れていた。その収容所は、捕虜に対して、人道的で友好的な扱いをしていて、日本人とのさまざまな交流がありました。徳島は、文化交流も盛んで、その結果、ここでベートーベンの『第九交響曲』が、日本で初めて演奏されたんです。何年か前に、『バルトの楽園』という映画にもなりました。

余談ですが、捕虜になったドイツ人たちは、その後どうしたと思いますか。何人かのドイツ人たちは、そのまま日本に残り、技術を生かして、お肉屋さん、コックさん、酪農家などになったそうです。

神戸でパン屋を開いたドイツ人が、朝の連続ドラマ「風見鶏」のモデルになったと聞いたことがあります。

いろんなものを受け入れて、それをより大きく豊かに育てていく県なのかもしれません。

愛媛

村上水軍以来の造船の伝統

四国は、日本海沿いの地方とはがらっと違い、太陽の光に恵まれた土地です。中でも愛媛県は明るく華やかです。かつて、地元の新聞社主催の夏期大学のような催しがあって、作家や漫画家、評論家の方たちとご一緒に、一週間ほどかけて県内各地を、毎年のように回っていましたので、思い出深いところです。

愛媛県は、通勤・通学時間が全国一短くて、趣味や娯楽にかける時間が、全国で最も長いそうです。県民気質も、マイペースなのんびり屋、穏やかで人情味があるそうです。

おもしろいのは「伊予の駆け出し」という言葉。人の話をそこそこ聞くと、「わかった」と言って突っ走る。だけど、途中でわからなくなって立ち往生するけれど、まあいいかとまた走る……と言われるようですが、ほんとうなんでしょうか。まあ、人間もおおらかで、明るいというわけでしょう。

戦国時代には、村上水軍が活躍したところでもありますね。彼らの実態は、武将というよりは、どちらかというと海賊に近い。ヨーロッパのバイキングみたいな、かなり乱暴な武装集団だったようです。敵に回したら厄介《やっかい》な勢力で、信長などの戦国武将にとっては、瀬戸内海を制圧できるかどうかの鍵を握る、重要な存在だったと思います。

海と縁が深い愛媛には、今治《いまばり》造船、新来島《しんくるしま》どっくがあります。今治造船は、新造船竣工《しゅんこう》量と、造船売り上げ高が日本トップだそうです。かつての村上水軍以来の、船造りの伝統が、現代の産業の中に生きていたんですね。

愛媛の松山市出身の日野てる子さんは、ハワイアンの歌い手として、私の若いころ大活躍されました。『小さな竹の橋』を歌っておられます。

日野さんといえば、ムームーを着て、首には花のレイをかけて歌う姿が目に浮かびますね。あのころはハワイアンが大ブームで、パーティーや人の集まるところでは、必ずと言っていいぐらい、ハワイアンのバンドがスチールギターを奏でていたものです。

正岡子規の功績と俳句甲子園

四国といえばお遍路さんですが、愛媛の松山には、伊予の大師信仰の拠点になっている石手寺《いしてじ》があります。いまのお遍路は、レジャーのように気楽にいく人も多いですが、もともと遍路の白装束は、死出の旅路の象徴なんです。途中で倒れたら道端に埋めて、持参の杖《つえ》を墓標として立ててくれという、覚悟を表していたわけですからね。遍路道も寂寂《じゃくじゃく》としたところが多く、実態はかなり凄絶なものだったようです。

いまでも自分探しをしたり、お遍路で自分を変えたいという思いは、多くの人が持っているのかもしれません。菜の花が咲いて、青空に白い雲が浮かぶ写真などを見ると、つい観光気分で行ってみたくなる気持ちもわかります。

松山と言えば、俳人の正岡子規を忘れてはならないでしょう。俳句革新の大看板で、国民にもたいへん親しまれている人で、高浜虚子や、新しいスタイルを作り上げた河東碧梧桐《かわひがしへきごとう》など、優れた後進を育てた功績も大きいです。いまでも愛媛のほうは子規と俳句を大事にしていて、松山俳句甲子園という催しも行っています。高校生が五人一組になって、学校ごとに競うということで、一九九八（平成十）年に始まっています。若い世代にも、俳句を詠《よ》んでもらいたいという気持ちから始まったんでしょう。

松山の町は、道のあちこちに句碑がたっていて俳句に縁のない人がブラブラ歩いていても、ふと一句浮かんでくるような雰囲気があります。

春や昔十五万石の城下哉《かな》

という子規の松山のことを詠んだ句が思い出されます。

子規は野球好きで、その影響でしょうか、松山商業をはじめ、高校野球の活躍校が多く、昔からプロ野球界に多くの人材を輩出してきました。愛媛の人は、身体能力が非常にすぐれていて、一瞬の感性の閃《ひらめ》きで、才能を発揮できるのかもしれません。

「野球」をはじめ、いま使われている野球用語には、子規が英語から翻訳したものがたくさんあります。打者、走者、飛球、直球、四球などは、子規が考案した言葉だそうです。

子規は幼名を升《のぼる》と言いますが、自分のことを野球の「野」に「ボール」で、「野ボール」だと言っていたそうです。『病牀六尺《びょうしょうろくしゃく》』などの闘病記からは、スポーツマン子規の姿は想像しづらいですね。でも二十二歳で喀血《かっけつ》するまで、野球をしていたそうです。その後、長い闘病生活をしましたが、最後まで俳句を詠みつづけました。痛みで泣き叫ぶようなこともあったようですが、彼の作品からは、天性のユーモアや明るさを感じる。それが愛媛の人の特徴なのでしょうか。

夏目漱石に大江健三郎、松山ゆかりの文学者

愛媛県の今治と、広島県の尾道《おのみち》を結ぶ瀬戸内しまなみ海道が通って、人の行き来がかなり盛んになったと言われています。瀬戸内しまなみ海道がまたがっている、来島海峡

を歌った曲があります。歌っているのは西条市の出身、レーモンド松屋さんです。

来島海峡　（作詞・作曲＝レーモンド松屋）

鏡の瀬戸内　はるかな島影
見下ろす糸山　涙ぐみ
港今治　後にする
船に叫んだサヨナラは

待って待っていますと女心
せつなく　ひきさく
夢が散ります　来島海峡

松山観光の定番は、やはり道後温泉ですね。夏目漱石の『坊っちゃん』にも描かれて、日本全国に鳴り響いていますから。不思議なのは、漱石がこの小説で、松山の人をずいぶん悪く書いているのに、地元の人が全然怒っていないこと。それどころか「坊っちゃん列車」を走らせたりして、喜んで受け入れている。そこが愛媛の人のおおらかな県民性ということなんでしょう。

そのほかの作家で、ノーベル文学賞の大江健三郎さんが、内子《うちこ》町の出身。俳優で映画監督の伊丹《いたみ》十三さんも、松山に縁があるんです。十三さんは京都生まれですが、父親で映画監督の伊丹万作さんの故郷・松山の高校に転入して、そこで大江さんと知り合い、のちに妹さんが大江さんと結婚されました。

はじめは伊丹一三と名乗ったんですけれど、その後十三に改名したんです。私が『平凡パンチ』という雑誌に『青年は荒野をめざす』という連載を書いていたとき、タイトル文字を書いてくれたのが、当時、草書体の文字をいちばん上手に書くと評判のデザイナーでした。それが十三さんだったんです。やがて、『ヨーロッパ退屈日記』などのベストセラーを書くようになり、のちには映画を作られて、アーティストとして大成されましたけれど、そんな時代もあったんです。

劇作家で脚本家の早坂暁《あきら》さんも、松山市出身です。早坂さんには、私の作品が映画化されるにあたって、何度か脚本をお願いしました。単なる脚本家の域をはるかに超えた、思想性の深い文化人でいらっしゃいます。

私が個人的によく存じあげていた愛媛の方で、川上宗薫《そうくん》さんという異色の官能作家がいます。もともとは純文学の作家で、私がデビュー作を載せた雑誌に、川上宗薫さんの作品が載っていたこともあります。それから、あれよあれよという間に、官能小説の大家として一世を風靡しました。

『鉄道唱歌』を作詞された、大和田建樹《たけき》さんという作詞家が、宇和島市の出身です。明治時代の国文学者であり詩人。スコットランド民謡に、大和田さんが日本語の詞をつけたのが『故郷の空』と『青葉の笛』です。

故郷の空　（作詞＝大和田建樹　スコットランド民謡）

夕空晴れて　秋風吹き
月影落ちて　鈴虫なく
思えば遠し　故郷の空
ああ　わが父母　いかにおわす

青葉の笛　（作詞＝大和田建樹　作曲＝田村虎蔵）

一の谷の軍《いくさ》破れ
討たれし平家の公達《きんだち》あわれ
暁寒き　須磨の嵐に

聞《きこ》えしはこれか　青葉の笛

こういう歌を聴くと、時代が一気に、子どものころに返ったようで懐かしいです。

俳句と野球に熱中する県民性

愛媛県の「日本一」といえば、養殖の鯛《たい》の生産量、花かつお、果物では伊予柑《いよかん》やキウイでしょうか。今治のタオルも有名ですね。それから、慶事のときに使う水引細工の金封は、七割が愛媛で生産されているそうです。

歌手では、宇和島市の出身の松山恵子さんがいらして、亡くなる直前までステージを務めておられました。お元気だったころを思い出します。

お別れ公衆電話　（作詞＝藤間哲郎　作曲＝袴田《はかまだ》宗孝）

何もいわずに　このままそっと
汽車に乗ろうと　思ったものを
駅の喫茶の公衆電話　いつかかけていた

馬鹿ね馬鹿だわ　私の未練
さようなら　さようなら
お別れ電話の　せつないことば

『お別れ公衆電話』など、松山さんの歌には、別れるとか泣くという内容が多いんですけれども、松山さんが歌うと、あんまりジメジメしないで、からっとしているのがユニークです。

さきほど正岡子規のお話が出ましたが、その幼なじみの軍人、秋山好古《よしふる》・真之《さねゆき》兄弟を描いた、司馬遼太郎さんの『坂の上の雲』が、数年前NHKでドラマ化されました。日露戦争での活躍を、夢中で観たものです。あの有名な「本日天気晴朗ナレドモ波高シ」という電文を考えたのが子規の友人の秋山真之でした。秋山兄弟もあの作品でクローズアップされて、一躍国民的なヒーローになりましたね。ガラス張りのモダンな「坂の上の雲ミュージアム」までできました。

愛媛には、漱石のように、よそからやってきた人々を、異邦人と排斥しないで受け入れる素質があるから、多くの人が懐かしんで、書いたり歌ったりするんじゃないでしょうか。松山に行くと、最近は空港でまず、じゃこ天うどんを食べることから始まる、「食のお約束」があるそうですが。

愛媛で印象に残ることは、文化面では俳句、運動では野球という二つのものが、県の特徴としてあることですね。キャラクターがはっきりしています。愛媛の新聞を読むと、俳句欄がおもしろいんです。俳句甲子園の高校生の入選作を、あらためてじっくり読んでみたいと思います。

九州、沖縄を訪ねて

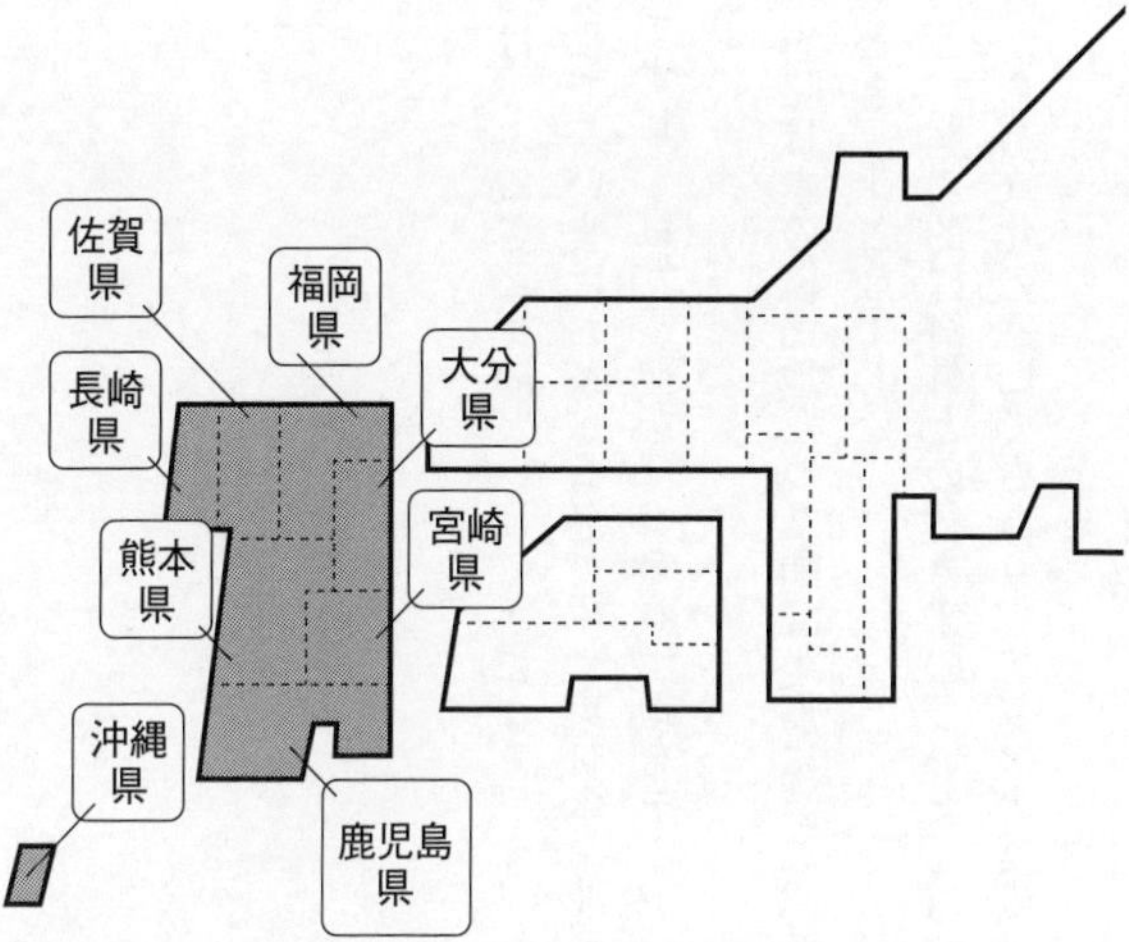

福岡

筑豊出身の大スター・高倉健

私は福岡県八女《やめ》市の出身ですから、今回は、ふるさと探訪ということになります。熊本県と接するあたり一帯が、かつての八女郡で、いまはお茶が有名です（東日本・北陸編／静岡参照）。両親のふるさとでもありますし、自分にゆかりのある土地をテーマにするわけですから、ちょっとドキドキします。

私は生後まもなく、父の仕事の関係で、当時日本の植民地だった朝鮮半島に渡り、敗戦後、福岡に引き揚げてきたのです。そのとき、十三歳でした。

福岡は七世紀から大宰府《だざいふ》が設置されるなど、歴史的に海外との行き来の多いところです。鎌倉時代の蒙古《もうこ》襲来はともかく、大陸からの文化の窓口でもあり、アジアの玄関口と言われていました。

歴史の教科書にのっている「漢委奴国王《かんのわのなのこくおう》」の金印が田んぼから見つかったように、福岡は、遺物の出土品も多いんです。私の通っていた高校から遠くないところに、六世紀前半の豪族、磐井《いわい》の君の遺跡がありました。以前は、朝廷に対して反乱を起こしたというので、その遺跡はあまり表に出なかった。しかし最近では、九州には朝廷とは別の勢力を築いていた豪族がいたという、そんな歴史が再評価されています。

映画にもなった、小説『青春の門』の舞台も、福岡の炭鉱町です。一口に福岡と言っても、福岡・博多から、久留米、飯塚、田川、北九州の小倉、八幡、若松など、土地によって言葉も、ちょっとずつ違いますし、風土や伝統も違います。

筑豊炭田の一角を占める中間《なかま》市で生まれたのが、高倉健さんです。亡くなられたのは、ショッキングでした。国民的な大スター、まさに日本のヒーローでした。晩年はヒューマンな映画に出られることが多くて、それはそれで名演でしたが、私の世代だと『日本侠客伝《きようかくでん》』『網走番外地』『昭和残侠伝』シリーズなど、血湧き肉躍る仁侠《にんきよう》映画のイメージのほうが九州的で、すんなりと伝わってきます。

『昭和残侠伝』シリーズの代表曲『唐獅子牡丹《からじしぼたん》』（一九六六年）は、学生紛争の絶頂期だった当時、全共闘の学生たちのあいだでも、盛んに歌われました。

唐獅子牡丹　（作詞＝矢野亮《りょう》　作曲＝水城《みずき》一狼《いちろう》）

義理と人情を　秤《はかり》にかけりゃ
義理が重たい　男の世界
幼なじみの　観音様にゃ
俺の心は　お見通し
背中《せな》で吠《ほ》えてる　唐獅子牡丹

健さんというと『網走番外地』のイメージが強いので、じつは高倉さんが、筑豊地帯の出身と知って意外でした。その一帯では、侠気に富んだ気風の人を、「川筋者」と呼ぶんですね。『青春の門』にも書きましたが、炭鉱で働く人は、おおむね短気で気が荒い、その一方で、友情や義理をとても大事にするんです。単にやくざっぽい、宵越しの銭は持たない、ということではなくて、きつい労働を共にする者同士の、ヒューマニズムというか、強い連帯感が背景にあるんです。それが、当時の学生たちに共振したのかもしれませんね。

白秋から古賀メロディー・抒情の系譜

福岡は、海に向かって開けて、かつては石炭が採れて、産業が発達し、大工業地帯ができ、エネルギーやパワーにあふれている所ですね。パイオニア精神というのか、有名企業の創業者が続々と出ています。

ブリヂストンの石橋正二郎さん、出光興産の出光佐三《いでみつさぞう》さん、NECの岩垂邦彦《いわだれくにひこ》さん、安川財閥の安川敬一郎さん、東芝の前身・芝浦製作所の田中久重さんと、また歌人の柳原白蓮《やなぎはらびやくれん》の夫で、炭鉱王の伊藤伝右衛門《でんえもん》さんも、最近NHKの朝ドラ「花子とアン」で話題になりましたね。

経済界ばかりではありません、作詞、作曲家も大勢出ています。まず思い浮かぶのが大重鎮の古賀政男さん、それから中村八大さん。このお二人が、日本の民衆的な音楽を築き上げたと言っても、過言ではないでしょう。

中村八大さんが作曲した『黒い花びら』は、水原弘さんが歌って第一回のレコード大賞を受賞されました。ここでは、大川市生まれの古賀政男さんの作詞・作曲で、藤山一郎さんが歌った『影を慕いて』をご紹介しましょう。古賀メロディーの代表作です。

影を慕いて　（作詞・作曲＝古賀政男）

まぼろしの　影を慕いて
雨に日に
月にやるせぬ　わが想《おも》い
つつめば燃ゆる　胸の火に
身は焦がれつつ　しのびなく

北原白秋をはじめ、福岡、それも筑後あたりの出身の作曲家や詩人、歌人に共通して言えることとは、理性や論理というより、情感が溢れ出すようなタイプの人が多い。白秋は、生まれは熊本ですが、酒造業を営む実家がある柳川《やながわ》で育ちました。「水郷《すいごう》柳河こそは、我が生《うま》れの里である。この水の柳河こそは、我が詩歌の母体である」と言っています。

水郷柳川には、白い壁の土蔵が連なり、運河が流れています。私も一時は、西鉄沿線で柳川の手前の八丁牟田《はっちょうむた》に住んでいたことがありましたが、沼や小川の多いクリーク地帯で、まさに水郷という名前がぴったりくる土地でした。

柳川には伝習館高校という名門校があって、そこの出身者で名を成した方は非常に多いんですよ。その一人の哲学者・廣松渉《ひろまつわたる》さんは、地元ではなじみはないようですけれど、日本の思想界では大立者の一人です。

福岡には、旧藩校を前身に持つ名門校がほかにも多くあって、中でも福岡の修猷館《しゅうゆうかん》高校は名門中の名門でした。

石を投げれば歌手に当たる

同じ福岡でも、城の近くの官庁街と、商人の町・博多では、言葉からして違います。博多では、言葉も洒脱《しゃだつ》で、「こうしんしゃい」「ああしんしゃい」で、片や武張った『黒田節』のお屋敷街と大きく違います。福岡県全体でも福岡、筑後、北九州、筑豊という四つの地域があり、さまざまなんです。

よく他の人から、五木さんの地元の八女を含む筑後の人は、堅実で負けず嫌い、粘り強くコツコツまじめに努力し、明るく活発で挫《くじ》けず、ややお調子者のところもあるそうですね、なんて言われますが、そのたびに、そんなにほめなくても結構と答えています。

福岡では石を投げれば歌手に当たる、というくらい歌手の方も多いですね。松井上陽水、徳永英明、梓みちよ、中尾ミエ、内山田洋《ひろし》、大川栄策、小柳ルミ子、松田聖子、浜崎あゆみ、氷川きよし、椎名林檎《しいなりんご》。

古いところでは赤坂小梅さん、もっと古いところでは幕末生まれの、『オッペケペ節』の川上音二郎《おとじろう》とかね。

作曲家の大物もいます。河村光陽さんは、福岡県田川郡の出身です。童謡の世界の帝王みたいな人でした。皆さんご存じの『かもめの水兵さん』をはじめ、さまざまな歌を次から次へと書かれました。お嬢さんが、童謡歌手の河村順子さん。

昔は少女歌手がアイドル全盛の時代があり、順子さんは雑誌の表紙を飾って、みんなの憧れでした。成長されてからも、童謡を中心に音楽活動をつづけられ、私もレコード会社で童謡を書いていたとき、六、七曲ぐらい河村順子さんに歌を書いたことがあるんです。

私が作詞した童謡を紹介しましょう。『雪がとけたら』という歌です。「のぶひろし」は私が童謡を書くときのペンネームです。

雪がとけたら　　（作詞＝のぶひろし　作曲＝若月明人《あきひと》）

雪がとけたら　黒い土みえた
あれはね　あれはね
遠くからやって来た　春の足跡

冷たいけれど　裸足《はだし》になって
春の来た道　歩いてみましょう

作家も非常に多く輩出していますね。まずは松本清張さん。広島生まれのようですが、北九州で育ったんですね。出世作が小倉時代の森鷗外《おうがい》を扱った『或《あ》る「小倉日記」伝』ですし、北九州市には記念館があります。

それから火野葦平《あしへい》さん、村田喜代子さん、ムツゴロウの畑正憲《はたまさのり》さん。赤川次郎さん、佐木隆三さん、リリー・フランキーさん、帚木《ははきぎ》蓬生《ほうせい》さん、杉本章子《あきこ》さんと、錚々たる顔ぶれです。

西日本新聞が、九州芸術祭文学賞を主催して四十九年になります。入選作が作家の登竜門といわれる『文學界』に掲載されますが、帚木蓬生さんも九州大学医学部の学生だったときに、『頭蓋に立つ旗』という、安部公房的なシュールな作品で受賞されました。医師になった後も、作家として大活躍されています。福岡県人は、「飽きやすの好きやす」といって、何かに手を出してもすぐ飽きて、ポイッと投げ出す気質だといわれる一面があるんですが、粘り強いところもあるんですね。四十九年つづいている地方の文学賞って珍しいですよ。

コミックの世界では『銀河鉄道999《スリーナイン》』の松本零士《れいじ》さん、『博多っ子純情』の長谷川法世《ほうせい》さん、『まんだら屋の良太』の畑中純さん、少女漫画の神様ともいわれている『ポーの一族』などの萩尾望都《はぎおもと》さん。

映画俳優では、往年の大スター、大河内傳次郎《おおこうちでんじろう》が懐かしいですね。現在の豊前市のお生まれです。映画『丹下左膳』では、「しぇいは丹下、名はしゃぜん」ってまねする人がいました。私もそうでしたが、福岡では「さしすせそ」の発音が、「しゃししゅしぇしょ」と、ひっかかるんですねえ。

サブカルチャーで薩長藩閥に対抗

マルチな才能を発揮する、タモリさんも福岡ですね。さまざまなジャンルのサブカルチャーを、自在に渡り歩く。ある意味で非常に福岡人らしいスターだと思いますね。

福岡の人がサブカルチャーで活躍が目立つのは、明治維新以後、薩長《さっちょう》に比べて福岡が、中央政界にあまり進出できなかったことと関係するのではないでしょうか。

その反動からか、アジアの独立を支援する「玄洋社」という政治結社や「大陸浪人」として放浪しながら政治活動をする人が生まれたのかもしれません。そのように薩長閥の政府に対抗する形で、福岡人たちはいわば横道を通りながら、日本のカルチャーを築いていったんですね。政治やアカデミックな世界でなく、大衆芸能の映画や、音楽の表現に取り組む人たちが多いのも、そういう背景があるからだと思います。
そういえば、福岡市出身の氷川きよしさんの『きよしのズンドコ節』なんていう歌もありましたね。

きよしのズンドコ節　（作詞＝松井由利夫　作曲＝水森英夫）

ズンズンズン　ズンドコ（くりかえし）
風に吹かれて　花が散る
雨に濡れても　花が散る
咲いた花なら　いつか散る
おなじさだめの　恋の花
向こう横丁の　ラーメン屋
赤いあの娘《こ》の　チャイナ服
そっと目くばせ　チャーシューを
いつもおまけに　2・3枚
ズンズンズン　ズンドコ（くりかえし）

スポーツの世界では、柔道が盛んです。モントリオール五輪金メダルの園田勇さん、アトランタ五輪金メダルの中村兼三さんをはじめ、多くの金メダリストが出ています。剣道も盛んです。私の父親は小倉師範学校の出身ですが、剣道部でけっこうならしたという自慢話を聞いたものです。母親が福岡の女子師範出身で、その二つを含む学校が合併してできたのが、いまの福岡教育大学なんです。だから、武田鉄矢さんは両親の後輩になります。

プロ野球も昔から盛んです。私が中学生のころ、新しくプロ球団が福岡に誕生することになり、球団名が募集された。私も「バイキング」の名前で応募したんですが、西日本パイレーツと決まった。意味は近かったので残念だった。結局一年で解散しました。

かつて福岡の山村で暮らした体験は、私にとってほんとうに貴重です。

電気も水道もない時代ですから、お風呂を沸かすために、下の川からバケツで水を汲《く》んで、十往復ぐらいする。いったん沸かすと一週間ぐらいそのまま使うので、最後はドロドロ。明かりはもちろんランプです。そんな時代があったなんて、いまの若い人には想像もつかないでしょうけれどね。

戦後わずか七十年ぐらいで、こんなにも変わるかと思うくらい、日本という国は変わりましたね。

長崎

『長崎の鐘』に込められた生と死の物語

福岡の人間は「長崎」と聞くと、理由もないのに頬が緩む。だれかが「長崎へ行ってきた」と言うと、「どげんじゃった」と目を輝かせて尋ねる。明るく楽しく、いいことがいっぱいありそうなイメージを「長崎」に感じているんです。

けれどその一方で、長崎は広島とともに原爆が投下されるという悲しい出来事があった土地でもあります。私も何度か爆心地を訪れて、浦上《うらかみ》天主堂の神父さんにお話をうかがったことがあります。核兵器によって大きな被害を受けた傷痕が残っているにもかかわらず、先ほど言ったような幸せのイメージが連なっているのが、長崎の不思議なところです。

長崎を舞台にした曲は多いのですが、まず『長崎の鐘』をご紹介しましょう。この曲は一九四九（昭和二十四）年に発表されたのですが、私が高校一年生の年で、日本全体が希望や夢に溢れていました。この年、『青い山脈』という映画が公開されて同名の主題歌が流行り、美空ひばりさんの『悲しき口笛』、そして藤山一郎さんが歌うこの『長崎の鐘』がヒットし、この三曲は日本を席巻《せっけん》しました。

長崎の鐘　（作詞＝サトウハチロー　作曲＝古関裕而《こせきゆうじ》）

こよなく晴れた　青空を
悲しと思う　せつなさよ
うねりの波の　人の世に
はかなく生きる　野の花よ
なぐさめはげまし　長崎の
ああ長崎の　鐘が鳴る

藤山一郎さんの美声による格調高い歌い方が、なんとも哀愁を帯びて荘重で、賛美歌の雰囲気があるこの曲にぴったりなんです。
じつは、この曲のもとになる本を書かれた方がいます。当時、長崎医科大学の助教授をなさっていた永井隆先生です。永井先生は原爆で奥さんを亡くされ、二人のお子さんと三人で暮らしていたのですが、ご自身も長年の放射線研究による被曝《ひばく》により、投下前からすでに白血病の診断を受けていました。

死を待つ病床で、さまざまな思いを文章につづり、本を出版されました。それが『長崎の鐘』というタイトルで大ベストセラーになり、曲が生まれるきっかけになりました。本が発表された年に歌も出て、日本中にこの歌が広まったのです。

二番、三番の歌詞に「天国」とか「マリア様」などの言葉が出てくるのは、カトリックの熱心な信者だった永井先生の心を反映してのことです。宗教的な背景を含みながら、国民的な愛唱歌になった、戦後の記念碑的な曲だと思います。永井先生はそれから二年後に亡くなりましたが、今日まで歌い継がれているのですからすごいものです。

迫害を生き延びた切支丹の土地

長崎の歌い手さんといえば、佐世保市出身の前川清さんを忘れてはなりませんね。内山田洋とクール・ファイブのメインボーカルとして『長崎は今日も雨だった』を歌ってヒットしました。前川さんは、親戚に神父さんがいて、じつは自分も洗礼名を持っていると言っていました。キリスト教が深く根付いた土地なんですね。

宣教師が最初に日本へ来たころ、いきなり異国の教えを押し付けても広まらないだろうと、マリア様を観音様と呼ぶなどして、人々になじませるようにしたそうです。信者は「切支丹《キリシタン》」と呼ばれ、いわば〝日本的なキリスト教〟へと、独特な発達をしていきました。だからこそ、二百年もの弾圧の中で多くの殉教者を出しながら、隠れ切支丹として信仰を守り続けてこられたのではないかと思います。

明治以降、信教の自由が回復されてヨーロッパから正統なキリスト教が入ってきたとき、双方に、同じキリスト教でもずいぶん違うなという印象があったようです。

長崎は今日も雨だった　（作詞＝永田貴子《たかし》　作曲＝彩木雅夫《さいきまさお》）

あなたひとりに　かけた恋
愛の言葉を　信じたの
さがし　さがし求めて
ひとり　ひとりさまよえば
行けど切ない　石だたみ
ああ　長崎は今日も雨だった

『長崎は今日も雨だった』という歌のせいか、長崎は雨が多い気がしますが、「こよなく晴れた青空」というくらい、昔はそれこそお天気の良い町というイメージが強かったんです。最近、長崎に何度か行く機会がありましたが、空がどんよりとしてすっきりせず、とても「こよなく晴れた」雰囲気ではないんです。地元の人は、中国大陸から黄砂などが飛んでくるせいか、いつもこんな様子だと嘆いていました。

長崎の町の特徴と言えば、あの地形の複雑さで、坂道が多くて「坂の町」とも言われ、エスカレーターみたいなものがついているところもあります。宅地が段々畑のようになっていて、道が細いために車が入れないところがたくさんあります。昔そういうところは、馬で物資を運んでいたそうです。眺めはいいんですけれど、暮らしていると、知らず知らずのうちに、足腰が鍛えられるのではないかと思います。

坂の一つを上っていくと、男子学生の憧れの的だった、活水学院というミッション系の女学校があるんです。坂の上からの港の眺望がすばらしく、エキゾチックな異人館など歴史的な観光スポットも多く、観光客が引きもきらず、活況を呈しています。

異国情緒あふれる港町・長崎

戦争で大きな災禍を受けた長崎ですが、歴史をさかのぼると、海外から文物が入ってくる港があり、世界に向かって開かれた日本の玄関口でした。江戸時代に出島ができる以前から、海外から来た多くの人たちが、日本人と一緒に暮らしていました。

いまも長崎の人々の暮らしの中には、かつての国際的な風習がしっかり根付いています。港町に共通することですが、よそから来た人たちに対して偏見がなく、気持ちよく受け入れる空気があるんです。

江戸時代、西洋文明に関心を持つ人たちは、長崎に来て勉強しました。当時の長崎は、日本で最高水準の総合大学のようなところで、多くの文人墨客《ぼっかく》が訪れています。海外との交易で潤い、遊郭丸山の紅灯の賑わいもあり、町全体に華やかな雰囲気がありました。戦時中も、国じゅうが「一億一心火の玉」とかりかりしていたとき、遊び人のお金持ちが、「おい、ダンスに行くぞ」と芸者衆を連れて、船で上海まで繰り出していたなんて話もあったようです。

長崎市出身の美輪《みわ》明宏さんは、ドラマチックな歌がよく似合う長崎らしい歌い手さんで、長崎を代表するアーティストと言っていいでしょう。丸山あたりの出身で、子どものときから芸子さんたちがお化粧したりするのを眺めていたそうです。

美輪さんはシャンソンをずっと歌ってこられたし、いまも三島由紀夫の舞台などに挑戦されています。私が学生だった五〇年代前半は、銀巴里《ぎんパリ》という銀座のシャンソン喫茶に、本名の丸山明宏の名で出ていました。当時は、日本の高度経済成長のはじまりで、神武天皇以来の好景気だというので「神武景気」なんて、さかんにいわれていました。美輪さんは、ウエストなんか片手で握れるくらい細くて、「神武以来の美少年」とよばれていました。

長崎は独特の文化を持ったところです。食べ物も、カステラ、ちゃんぽん、卓袱《しっぽく》と、海外の味が入り込んでいます。長崎のカステラは甘くて重いんです。昔、砂糖は金にたとえられるぐらい貴重で、それを豪勢に使うのが最高の贅沢《ぜいたく》でした。

長崎では「あそこんちは、最近砂糖屋とあんまり縁がなかこつなったみたいばい」と言うと、その家が傾いてきたことを指すと聞いたことがあります。外国船のマドロスさんたちが丸山遊郭に登楼するときも、砂糖を包んで「これで頼む」と言えば、通じたそうです。

お祭りも長崎くんちに蛇踊りと、異国情緒がありますし、精霊流《しょうろう》しも有名です。長崎の精霊流しは一晩中、爆竹を「バンバンバンバン」と鳴らして景気付けをする。本当に異国的な風景で、日本でいちばん賑やかな行事じゃないでしょうか。大きな家では、この一晩のために百万円も使うという話を聞いたことがありますが、お祭り好きも長崎県人の特徴ですね。

一時期、私は北欧を舞台にいろいろ小説を書いたのですが、初期の作品『白夜のオルフェ』（一九六六年）はその一つで、スウェーデンのストックホルムを舞台にした、日本人ヒッピーの物語で、その中に『島原の子守唄』が登場します。『島原の子守唄』は、曲名から、昔からある民謡のように思えますが、じつはそうではなくて、宮崎康平《こうへい》さん（後に一章《かずあき》と改名）という方が作った戦後の歌なんです。

島原の子守唄　（作詞・作曲＝宮崎一章）

おどみゃ　島原の
おどみゃ　島原の
梨の木育ちよ
何《な》んの梨やら　何んの梨やら
色気なしばよ　しょうかいな
早《は》よ寝ろ泣かんで　おろろんばい
鬼《おん》の池ん久助《きゅうすけ》どんの　連れん来らるばい

「鬼の池ん久助どんの　連れん来らるばい」という歌詞がありますが、私は最初その意味がわからなかったんですね。いろんな解釈があるようですが、かつて長崎をはじめ九州各地から、遠く中国や東南アジアに売られていった若い娘さんたちのことが歌われています。「からゆきさん」と呼ばれるこうした人たちの悲劇があったようで、ひょっとしたら、「鬼の池ん久助どん」というのは、その人買いではないかと、連想が膨らみます。

長崎は、江戸時代初期に起こった、日本の歴史上最大規模の一揆《いっき》「島原の乱」や、原爆で大きな被害を受けた凄惨な歴史がありますが、そこから見事に復興しました。核兵器のない平和な時代が訪れて、世界中の人たちが長崎へ訪れるときが来ることを祈っています。

佐　賀

吉野ヶ里遺跡もある古代の一大拠点

佐賀県は九州北部に位置し、北に玄界灘《げんかいなだ》、南に有明海《ありあけかい》と、海岸の様子が異なる二つの海に面しています。歴史のある地で、縄文時代の菜畑《なばたけ》遺跡から、炭化したお米と水田跡が発見され、福岡県とともに、日本の稲作の発祥の地と言われているそうです。また、弥生時代の大規模な環濠《かんごう》集落の跡、吉野《よしの》ヶ里《がり》遺跡があります。

「吉野ヶ里」という名前を見た瞬間、私は「よしのがり」と読んだんです。普通なら「里」は「さと」と読むでしょうが、子どものころ朝鮮にいて、住んでいたのが船橋里《せんきょうり》。あちらでは、最後に「里《り》」のつく所が多いんです。大陸や半島との深い関係を感じさせる地名です。

中国の史書『魏志倭人伝《ぎしわじんでん》』に「末盧国《まつらこく》」とあるのが佐賀だと言われていますから、大陸との交流ルートの重要な地点だったのかもしれません。

江戸時代、肥前国《ひぜんのくに》（佐賀・長崎）には、北の唐津《からつ》藩と南の佐賀（鍋島《なべしま》）藩と二つの藩がありました。静岡県の人たちが「静岡のほう」と「伊豆のほう」と分けて語るように、作家の北方《きたかた》謙三さんは「佐賀出身」と言われると、「いや違います。唐津です」って必ず訂正されるんです。両者は人情も風土も違いますから、一括《ひとくく》りに佐賀とは言えない。旧藩の括りのほうが、正確に土地柄を表現しているのかもしれません。

佐賀は、私の出身地福岡と隣の県なのに、気風がまったく違うのが、じつに不思議です。福岡で若い人に将来の希望をインタビューすると、三人に一人は、芸能人かスポーツ選手になりたいと答えるそうです。福岡の人間は華やかで、賑やかなことが好きで、おしゃべりと言われるんです。

でも佐賀県の場合、芸能のような華やかなものには、ちょっと距離を置いている感じがあります。佐賀は人口も面積も九州で最小で、福岡と長崎という派手な県に挟まれているせいか、どうしても地味な感じがつきまとう。でも、明治以降活躍している人はずいぶん多い。佐賀県の人は人間が質朴で堅実なんです。

近代司法制度を作った江藤新平、日本赤十字社を創設した佐野常民《つねたみ》らが出ています。明治政府で、総理大臣など要職を歴任した大隈重信《おおくましげのぶ》は、早稲田大学を創設しました。官学が大きな権威を持っていた明治時代に、私学を興して、発展の礎を築いたのは大したものです。

ヨーロッパが賞賛した陶磁器の里

クリスタルキングというグループの『大都会』という曲があります。ボーカルの田中昌之《まさゆき》さんが作詞し、歌っているのですが、高音がとにかく凄《すご》い。大ヒットして、一時期、よく耳にしたものです。

大都会（作詞＝田中昌之・山下三智夫《みちお》・友永ゆかり　作曲＝山下三智夫）

あー　果てしない
夢を追い続け
あー　いつの日か
大空かけめぐる
裏切りの言葉に故郷を離れ
わずかな望みを求め

さすらう　俺なのさ
見知らぬ街では
期待と不安がひとつになって
過ぎゆく日々など　わからない

交わす言葉も寒い　この都会《まち》
これも運命《さだめ》と　生きてゆくのか
今日と違うはずの　明日へ
RUN《ラ》 AWAY《ナウエー》 RUN AWAY
今　駆けゆく

その田中昌之さんの出身地が伊万里《いまり》です。伊万里といえば焼物。佐賀には他にも有田焼、唐津焼があります。陶磁器の世界では、世界的な大ブランドですね。有田の柿右衛門《かきえもん》の赤絵は、ヨーロッパの王侯貴族に賞賛され、その繊細なデザインはちょっとしたブームになって、さまざまに模倣されました。歴史を見ていくと、イタリアのベネチアングラスやドイツのマイセン磁器などは、時の権力者や王様が保護奨励し、いまも一つの産業としてつづいています。

佐賀の鍋島藩も、藩窯を作り、優秀な陶工を集めて、最高級の献上品を作らせたそうですが、その技術を門外不出として保護したという話を聞きました。

『ノラ』や『人生劇場』など、歌もじつに多彩

佐賀県の海産物に目を向けると、有明海では珍しいものがいっぱいとれます。有明海に面した柳川へ行ったとき、あのへんの海でとれる、不思議な貝類を食べたことがあります。ウミタケなんていう貝は、ことばではちょっと説明できません。ワラスボ、アゲマキ、クッゾコなど、珍しい名前が多いです。佐賀の食べ物は、多彩で豊かですね。

さきほど、佐賀は日本の稲作発祥の地と言いましたが、品種改良や耕地整備、栽培法の工夫などによって、昭和の初期（八～十年）には、一反当たりの収穫量（反収）が日本一になったんです。反収量が飛躍的に増え、その伸びは「佐賀段階」と呼ばれ、全国の農家の指標になったそうです。勤勉で、しかも研究熱心なんでしょう。

佐賀県のノリの生産量は全国一（二〇一二年）で、タマネギの生産量は、北海道について全国二位（二〇一二年）です。また、江戸時代には、外国貿易の窓口・長崎から入ってきた砂糖が、佐賀を経て小倉に至る長崎街道を通って、京・大坂、江戸へと運ばれていきました。「シュガーロード」と呼ばれるこの街道で、菓子づくりの技術も伝わり、

銘菓が多く生まれました。

江崎グリコ、森永製菓などの創業者が、佐賀県出身であるのも、このことと無縁ではないようですね。銘菓がある所には、必ずお茶がありますが、佐賀の嬉野《うれしの》茶は全国的なブランドで、福岡の八女茶の好ライバルです。

作曲家の徳久広司《とくひさこうじ》さんも、佐賀市の出身で、『ノラ』という歌を作曲されています。門倉有希《かどくらゆき》さんが歌われています。

ノラ　（作詞＝ちあき哲也　作曲＝徳久広司）

やめて…下手な嘘
抱いて…今はただ
雨にぬれたノラ　帰りついたあんた…
いい女なら　割りきってあげるわ
誰となく　惚れてないと
駄目な　駄目な　ひとなの
…好きよ…好きよ…好き…
愛はひとり芝居

作家では、さきほど北方謙三さんのお名前が出ましたが、ほかにも戸川幸夫《ゆきお》さんが佐賀市の出身です。動物文学というジャンルを開拓されました。ムツゴロウ（畑正憲《はたまさのり》）さんの大先輩ですね。雑誌『ラジオ深夜便』の表紙でおなじみの画家、中島《なかしま》潔さんは満州生まれですが、お母さまの郷里の佐賀県に戻り、唐津の高校を卒業されています。ふるさとの風景もたくさん描かれています。また、風刺漫画、似顔絵を描かれ一世を風靡《ふうび》した、針すなおさんが佐賀市の出身です。

『サザエさん』『いじわるばあさん』の長谷川町子さんが、多久《たく》市の出身です。福岡に移られたのち、お父様の死去に伴って、一家で東京に移られています。漫画界の金看板です。

建築家の辰野《たつの》金吾さんが唐津市出身です。東京駅、日本銀行の本・支店、奈良ホテル、大阪市の中央公会堂など、多くの建築の設計をしていますが、みな堅牢《けんろう》で独特の形ですね。日銀本店など、ほんとうに風格のある堂々とした建物を設計されています。

歌い手さんでは、『柿の木坂の家』の青木光一さんが、唐津の出身です。青木さんはお年を召してからも精進されて、いまも現役で自分の歌を歌いつづけているのがすごいですね。『柿の木坂の家』の歌詞には「乗合バス」という言葉が出てきますが、先日、若い編集者から「乗合バスって何ですか」と質問されました。「みんなが自由に乗れるバスのことですよ」って説明しましたけれど。

時代とともに、通じない言葉が増えてきました。使う言葉で世代がわかってしまい、ドキッとすることがありますね。

一時期の歌謡界を代表する歌い手さんのお一人、村田英雄さんも同じ唐津市出身です。浪曲師として鍛え上げたのどで、『人生劇場』『王将』『無法松の一生』など、男の世界を歌われました。

人生劇場 （作詞＝佐藤惣之助《そうのすけ》 作曲＝古賀政男）

やると思えば どこまでやるさ
それが男の 魂じゃないか
義理がすたれば この世は闇《やみ》だ
なまじとめるな 夜の雨

武士道精神と「がばい」ばあちゃん

佐賀といえば、まず『葉隠《はがくれ》』を挙げるべきかもしれません。武士道精神を語る『葉隠』も、佐賀で生まれました。鍋島藩二代藩主に仕えた山本常朝《つねとも》が隠居していたところへ、田代陣基《たしろつらもと》という藩の若者が訪ねてきた。田代を相手に、武士の心得を語り聞かせた話を、記録してまとめたものが『葉隠』で、全十一巻に及ぶものです。

人間の生き方、主君鍋島家の歴史など、いろんなことに関して述べていますが、一般に知られているのはほんの一行です。「武士道と云ふは死ぬ事と見つけたり」という有名な一節です。武士の死生観が凝縮しています。藩内では『鍋島論語』と呼ばれ、藩士の教育にも使われたそうです。

時代ごとに読み方が異なり、「死ぬ事と見つけたり」という部分が、独り歩きするようになってしまったんですね。昭和の軍国主義、皇国史観の下、国のために死ぬことが称揚された時代には、その部分が、とくに喧伝《けんでん》されました。長い平和がつづいたいま読めば、『葉隠』も「死ぬ事と見つけたり」という部分以外の〝生きる道〟が見えてくるかもしれません。

『葉隠』とは対照的ですが、漫才師の島田洋七《ようしち》さんが書いた本(『佐賀のがばいばあちゃん』)で、「がばい」という佐賀弁が一躍、日本中に知られました。洋七さんは広島県の出身ですが、小学校から中学まで佐賀の祖母に預けられたときの体験をもとに書かれたそうです。

「がばい」は「非常に」という意味なので、本来は下に形容詞がついて、「がばい何とかのばあちゃん」というんです。あの本には、貧しくてもまっとうに生きていくことを、肯定する明るさがあって、とてもいいなと思いました。実際は苦しい生活を書いているんですが、底抜けの明るさがありますね。

出身の佐賀県のことを、自虐ネタにして、ベースで弾き語りする人もいました。角《つの》のようなユニークな髪型のお笑い芸人、はなわさんです。佐賀は、県のキャッチコピーがネガティブだとか、自虐的に笑い飛ばす内容でした。佐賀県の人たちは、あの歌を笑って受け流していて、度量があるなと感心しました。

熊本

肥後の国、山鹿の芝居小屋

私の生まれた福岡県八女郡（現・八女市）は、熊本県との県境にあり、峠を越えるとすぐそこは熊本県鹿本《かもと》郡（現・山鹿《やまが》市）でした。ですから、私たち八女の者は、熊本とは言わず、「肥後さ行くんだ」と言っていました。

峠を下ると、山鹿という大変有名な温泉町があります。そこでは八月の盂蘭《うら》盆《ぼん》に二日にわたって、山鹿灯籠《とうろう》まつりという、すばらしいお祭りが行われるんです。お祭りのハイライトは、二日目の夜の千人灯籠踊り。金色に輝く小ぶりな灯籠を頭の上に載せ、浴衣姿の若い娘さんたちが広場で何重もの輪を作って優雅に踊ります。灯籠の灯が暗闇に映えて、ほんとに優雅で美しく、一度見たら忘れられないほどです。

このとき歌われるのが『よへほ節』で、「よへほ、よへほ」と合いの手が入ります。

他県からも踊りに参加したいと、研修会に参加する人がたくさんいるほど人気があります。

山鹿市は文化的な土地で、八千代座という古い芝居小屋もあります。芝居小屋といっても一九一〇（明治四十三）年に有志により設立された立派な劇場で、老朽化した建物を市民の努力で建て直したもので、一九八八（昭和六十三）年、国の重要文化財に指定されました。市民が中心になって立ち上げた坂東玉三郎さんの舞踊公演で全国的に有名になり、劇場の復興にはずみがついたそうです。

外観は江戸時代の芝居小屋を思わせる雰囲気で、舞台床下の奈落に、手動で舞台を回転させる装置があります。劇場の維持運営が大変なようですが、山鹿の人たちが一生懸命支えています。八千代座が健在なのは、日本全体にとっても誇らしいことです。

肥後に「九州の要」の風格あり

熊本という土地は、明治以来の国の行政単位ではなく、いまもなお一貫して「肥後」という国名を持つ独立した九州の一国、という印象を受けます。なんといっても、肥後には九州の要の風格がありますし、重みが感じられます。いまでも熊本県の人たちは「九州の中心は熊本」と思っているかもしれません。

明治のころは、九州全体の軍の中枢である鎮台が熊本に置かれていました。また東京の旧制一高、仙台の二高、京都の三高、金沢の四高に次いで、熊本に五高（現・熊本大学）が作られ、寮歌の『武夫原頭《ぶふげんとう》に』は一世を風靡しました。

熊本はその鎮台のお膝元《ひざもと》として、勇壮で剛直というイメージがありますが、文化の面でも古く豊かな歴史を持っています。

少年のころ、私にとって熊本はあこがれの地でした。戦前の日本には、将校養成のための陸軍幼年学校があり、東京の中央幼年学校をはじめ、名古屋、大阪などと並んで熊本にもありました。陸軍幼年学校は旧制中学一、二年修了で受けられました。私もその年頃になったら熊本陸軍幼年学校を受けようと決めていたのですが、敗戦になって、その夢はやぶれました。

ラフカディオ・ハーン（小泉八雲）や夏目漱石など高名な人たちも、明治時代の熊本に来ています。ハーンは教師として滞在した島根県の松江では、「ハーンさん」と呼ばれ、とても大事にされていますが、滞在した年月ではより長いはずの熊本では、なぜかあまりハーンのことは語られません。

おなじように漱石も、英語教師として滞在した愛媛の松山では空港や列車に「坊っちゃん」などと名前を付けているのに対し、熊本の人たちは悠然と構えていて、「漱石？ああ、しばらくいたな」と言うぐらいです。大きな熊本城もあるし、細川家のお殿様の国でもありますから、まあ、ゆとりの対応ということなのでしょう。

現代社会の熊本では、スポーツ界で活躍されている方が目立ちます。熊本工業から東京巨人（当時）に入団し、後に監督になった川上哲治さんが典型的ですが、熊本の男は無口だけれども一本筋が通っているというのが特徴でしょうか。ほかにも、元ソフトバンクの秋山幸二さん、元阪神タイガース監督の眞弓明信さん、元西武の伊東勤さん、広島と大洋を指揮した古葉竹識《たけし》さんなど、名監督がたくさんいらっしゃいます。

プロ野球の監督ともなると、スポーツマン、アスリートとして優れているだけでなく、人を統率して引っ張っていく、一軍の将としての器量が必要です。熊本県の人にはそういうリーダー的な素質があるのかもしれません。

芸能界に目を転じてみると、石川さゆりさんが熊本出身の歌手です。いまでは大御所と言ってもいいですが、デビューして間もないころ、私はＮＨＫのスタジオでたまたま彼女に会ったことがあります。

マネージャーの方が「先生と同じ九州の出身です」と言うので、

「九州のどこ？」

と聞くと、

「熊本です」

「熊本のどこ？」

「飽託郡《ほうたく》（現・熊本市）です」

と答えたことを覚えています。若い女の子なら「熊本市の郊外です」とちょっと見栄をはるところを、素直にさらっと地名を言ったのです。いい度胸をしているなと感心しましたので、そのことを週刊誌に書きました。ずっと後に、本人にそのときのことを話しましたら、「忘れました」と言っていましたが。

かねがね日本の歌で「合掌（手を合わせる）」という言葉を歌詞に使ったものがあまりないのが気になっていて、私は自分で書いてみることにしました。その詞を、ご縁があって石川さゆりさんに歌っていただきました。いつもの石川節ではない、ちょっと異色な感じです。

星の旅びと　（作詞＝五木寛之　作曲＝幸《みゆき》 耕平）

やさしさを求めて　この町まできたの
ほんとの自分を　さがすため
鳥や風の歌に　疲れたこころも
いつか忘れて　歩きだす

幾千年の星のかなたへ
幾千年の愛の世界へ
あなたと　とびたい

この坂をのぼったら
あなたに　会えますか
西の空　夕焼け　遠くで鐘の音
なくした　わたしの子守唄
生まれかわるために　素直な気持ちで
そっと　両手を合わせます
（略）

風景も果物も堂々たる火の国

文化人ばかりでなく、食文化も熊本は個性的です。私は熊本の食べ物では、なんといっても馬刺しがいいですね。最近「生肉はどうも」と言われたりしますが、やっぱりおいしい。馬肉は刺身で食べるだけじゃなくて、すき焼きにしても食べます。豊臣秀吉時代の文禄《ぶんろく》・慶長《けいちょう》の役《えき》で朝鮮出兵をした加藤清正が、補給路を断たれて、やむをえず軍馬を食し、帰国後肥後の国に広めたという逸話があります。いまでは、熊本の馬刺しの消費量は全国でもトップだそうです。地元の方は焼酎をぐいぐい飲みますし、食文化に関しても豪胆さを感じさせます。

晩白柚《ばんぺいゆ》という名の果物があります。朱欒《ざぼん》の一種で、実の大きな柑橘《かんきつ》で皮は肉厚、しかも味もいいし、飾っておくにも貫禄があってなかなかいい。熊本のものは果物まで堂々としています。果実を育む自然も、たとえば阿蘇《あそ》の風景も、日本離れしていてスケールが大きい。晩白柚は、いまは生産量も非常に少ないので、私は八代《やつしろ》の農家に委託栽培してもらっています。季節になるとそれをみなさんにお配りしていますが、とても喜ばれています。

その八代という地名で、ぱっと頭に思い浮かぶのは八代《やしろ》亜紀さんです。いかにも火の国の女性という雰囲気です。

花水仙　（作詞＝池田充男　作曲＝浜圭介）

鉢植えの水仙を　買ったのは

お風呂がえりの　ゆうぐれ時です
このゆかしさが　おまえに似てると
あなたに言われて　嬉《うれ》しかった
新妻みたいに　エプロンかけて
あなたを世話した　愛の明け暮れ
一年のみじかいくらしを懐しみ
水をあげてる　私です

時代の影響を感じる、『神田川』の世界とつながっているような、フォークソングのような雰囲気の曲ですね。八代さんは『舟唄』のような堂々たる歌もいいですが、こういう切ない情念の歌にもぴったりの声です。

「肥後もっこす」の熊本人気質

中国思想史、とりわけ道教の研究で名高い福永光司さんが、「熊本の思想は、一貫して自由民権であり、反権威的である」と評していました。進取の気象に富み、どんどんと海外へ出て行くので、ブラジルなどへの移民も熊本出身者が多い。

熊本の頑固者のことを「肥後もっこす」と呼ぶそうですが、純粋で、正義感が強く、一度決めたら梃子《てこ》でも動かず、反骨精神に溢《あふ》れている、という熊本人気質《かたぎ》は、なんとも頼もしい限りです。

気骨ある熊本県人を代表するのは、小説家の徳冨蘆花《ろか》かもしれません。一九一〇（明治四十三）年の大逆事件に連座して、翌年主犯格の幸徳秋水らが死刑判決を受けました。当時の物書きたちが政治に口ごもり、ほとんどまっとうな発言をしなかったとき、真っ向から政府に反旗をひるがえし、骨っぽい批判をちゃんとしたのは、蘆花だけでした。大衆小説作家と見られがちな蘆花ですが、ロシアのトルストイとも親交があり、評論家、そして思想家として非常に優れた人だと思います。

信を曲げずに貫き通すということでは、水俣《みなまた》をテーマにした『苦海浄土《くがい》』（一九六九年）の作者、石牟礼《いしむれ》道子さんもその一人です。石牟礼さんの反骨精神も、まさに熊本人の気質でしょう。

江戸時代、南九州一帯に〝隠れ念仏〟と呼ばれる人たちがいました。当時、薩摩《さつま》藩が浄土真宗を弾圧したので、信仰を守る人たちは地下にもぐり、峠を越えた肥後熊本に自分たちの拝む仏像や仏具を預けたのです。そして、抜け参りといって、こっそり深夜に山を越え、川を越えてお参りにいった。

隠れキリシタンの天草《あまくさ》四郎も熊本出身ですが、熊本には、人をかくまう優しさと、自分の信念を曲げない強さの両方があるのでしょう。

『艶歌』を書くことも闘いだった

熊本は九州の他県に水を回すほど水が豊かだそうです。熊本市中央区にある水前寺公《すいぜんじ》園（水前寺成趣園《じょうじゅえん》の通称）は、豊富な阿蘇《あそ》伏流水からの湧《わ》き水を使った池を中心にした桃山式回遊庭園で、天下の名園の一つです。

ここから名前を取られたのが水前寺清子さん。私は二十代の後半、あるレコード会社専属の作詞家でしたが、そのころ、ベレー帽をかぶったかわいい女の子が毎日会社に来て、いろんな人たちの手伝いをしていました。その女の子が水前寺さんです。デビュー曲の『涙を抱いた渡り鳥』（一九六四年）が大ヒットして、一躍スターになりました。

私の小説に、演歌に情熱を燃やす老ディレクターを主人公にした『艶歌』（一九六六年）という作品があります。一九六八（昭和四十三）年に映画化され、渡哲也さんなどが出演されたんですが、ヒロインの一人として水前寺さんも出演してくださいました。

映画の主題歌は私が書くつもりだったのですが、兄貴分格の星野哲郎さんが、「いや、五木さんの原案ってことで、ぼくが書くよ」とおっしゃって、書いてくださった。一度聴いたら覚えられるいい歌詞でした。この主題歌を映画の中で水前寺さんが歌っています。

艶歌　（原案＝五木寛之　作詞＝星野哲郎　作曲＝安藤実親《さねちか》）

泣いてたまるか　泣くのはしゃくだ
泣けば喜ぶ　奴《やつ》ばかり
意地が男の　つっかい棒だ
ぐっとこらえて　持ちあげろ
敗《ま》けて死ぬのは　死ぬよりつらい
死ぬよりつらい

俺が浮べば　あいつが沈む
狭い浮世の　水の中
人を泣かせて　勝つのがいやで
いきな別れを　したけれど
あの娘《こ》だけには　わかってほしい
わかってほしい

私が『艶歌』を書いた時代、演歌は退廃的で後ろ向き、低俗な内容だと非常に低くみられていました。〝艶歌（演歌）〟をタイトルにすること自体、とても勇気が要りました。ばかにされることを覚悟して挑まなければいけない、私にとってはある種の闘いだったわけです。

大分

日本一豊富な温泉と地熱発電

大分県は、私の出身の福岡県と境を接していて、言葉も似ているので、すごく親しみがあります。日田《ひた》、中津などあちこち行きましたし、お寺を訪ねて旅をしたこともあります。

中学校のときの修学旅行の行き先は、別府だったんです。戦後間もないころでしたから、隣県に行くだけでもおおごとでした。

別府は温泉で有名ですが、大分県は温泉県と言ってもいいくらい温泉が多いんです。源泉の数と湧出量は日本一。中でも有名なのが、別府と由布院《ゆふいん》です。それぞれ歴史の古い温泉で、アジアからのお客さんも多く、湯布院映画祭などの新しい催しもあって、若い人たちにも人気がある温泉郷のようです。

大分はゆったりしているというか、ほっこりとあったかいイメージがありますが、温泉の多い土地柄とも関係があるのではないかと思います。

地熱発電も日本一だそうです。自然エネルギーとして、これからますます注目されるかもしれません。

前知事の平松守彦《もりひこ》さんのとき、一村一品運動で、関《せき》あじや関さばなどのブランドが生まれました。ユニークな発想で、この運動は全国に広がりましたね。

古の城址に思いを馳せた『荒城の月』

大分は、鎌倉時代以後、大友氏が豊後《ぶんご》国守護として統治してきた地です。戦国時代のキリシタン大名、大友宗麟《そうりん》のころに最も栄えたそうです。日本三大神宮の一つである豊《ぶ》前《ぜん》・宇佐神宮（国宝）をはじめ、歴史的建造物や史跡の多い土地です。国東《くにさき》半島にある杵築《きつき》城は室町時代初期、十四世紀末に築城されているんです。

名曲『荒城の月』の作曲者・瀧廉太郎《たきれんたろう》は豊後・日出《ひじ》藩の家老職の家の出身で、幼少期を過ごした竹田市にあった岡城《じょうし》址をイメージして、この曲を作ったと言われています。

荒城の月　（作詞＝土井晩翠《ばんすい》　作曲＝瀧廉太郎）

春高楼《はるこうろう》の花の宴《えん》
巡る盃《さかずき》かげさして
千代の松が枝《え》わけ出《い》でし
昔の光いまいずこ

『荒城の月』の作詞の土井晩翠は仙台市出身ですから、仙台青葉城がモデルだとか、いろいろ言われますが、曲に関して言えば、岡城址と考えたほうがいいでしょう。城址に佇《たたず》み、古《いにしえ》に思いを馳《は》せている、幼いころの瀧廉太郎の姿が浮かんできます。

大分は石仏も有名です。中国やシルクロードに、岩壁に彫った大きな磨崖仏《まがいぶつ》がありますが、日本にある磨崖仏の半分以上が大分県に集中しているそうです。作られたのは平安〜鎌倉時代で、特に臼杵《うすき》磨崖仏（臼杵市）と熊野磨崖仏（豊後高田市）が有名です。仏像の表情は、それぞれその土地や風土を反映しているように思います。近畿、大和のあたりの端正な仏像、東北などの縄文的な味わいのある仏像など、それぞれですが、九州には腰をちょっとくねらせて、思わず心が和むようなものもあるんです。

かつて耶馬溪《やばけい》のある山国川《やまくにがわ》上流一帯は、険しい崖沿いの難所がつづき、旅人たちが命がけで渡っていました。見かねた一人の僧が、隧道《すいどう》（トンネル）の開削を思い立ち、長い年月をかけて成し遂げました。それを題材にした菊池寛の小説『恩讐《おんしゅう》の彼方《かなた》に』は、お芝居にもなって、全国的に有名になりました。私もそのトンネルを歩いて通ってみたことがありますが、硬そうな岩盤がつづき、往時の苦労のほどがしのばれました。

温かみと哀愁の声

大分県出身の歌手に、かぐや姫の南こうせつさん（大分市）、伊勢正三《しょうぞう》さん（津久見市）がいます。大分舞鶴高校の先輩・後輩の間柄だそうです。お二人はいかにも大分出身らしいというのか、おセンチなところはあるけれど、どこか明るく楽天的で、温かみがある。曲にもそういうイメージがありますね。

22才の別れ　（作詞・作曲＝伊勢正三）

あなたに　さようならって
言えるのは　今日だけ

明日になって　またあなたの
暖い手に触れたら　きっと
言えなくなってしまう　そんな気がして
私には　鏡に映った
あなたの姿を　見つけられずに
私の目の前にあった
幸せにすがりついてしまった

歌い手さんでは、山崎ハコさんが日田市の出身です。私も長く一緒に仕事をしましたが、彼女は一時期、〝ハコの時代〟と言ってもいいくらいのブームを巻き起こしました。ポルトガルの大衆歌謡、ファドを思わせる、哀愁を帯びたいい曲がたくさんあります。筑豊《ちくほう》を舞台に書いた『青春の門』が映画化されたとき、『織江《おりえ》の唄』という、九州の方言を生かした詞を書いて山崎ハコさんに歌ってもらったんです。ハコさんは同じ九州と言っても豊後の出身ですから、博多言葉とはちょっと違うはずなんですけれど、とてもうまく歌ってくれました。

織江の唄 （作詞＝五木寛之 作曲＝山崎ハコ）

遠賀川《おんががわ》 土手の向こうにボタ山の
三つ並んで見えとらす
信ちゃん 信介しゃん
うちはあんたに逢《あ》いとうて
カラス峠ば 越えて来た
そやけん
逢うてくれんね 信介しゃん
すぐに田川に 帰るけん
織江も大人に なりました

月見草 いいえそげんな花じゃなか
あれは セイタカアワダチ草
信ちゃん 信介しゃん
うちは一人になりました

明日は　小倉の夜の蝶《ちょう》
そやけん
抱いてくれんね　信介しゃん
どうせ汚れて　しまうけん
織江も　大人に　なりました

いかにもプロという、訓練された技巧的な歌い方ではなく、生の声を大事に歌う。そこがハコさんの持ち味だと思います。風が吹けば飛ばされそうな小柄な方ですが、声は力強くて、表現力が深い歌い手さんです。

逸材を育てた私塾、咸宜園

日田と言えば、昔からいろんな文人墨客が出ていますが、とくに廣瀬淡窓《ひろせたんそう》が有名です。彼が開いた咸宜園《かんぎえん》という私塾からは、学者や政治家など、幕末から明治に活躍した多くの人物が出ました。鎖国を批判して弾圧された蘭学者の高野長英《ちょうえい》や、長州藩兵を指揮した、医師で西洋学者、兵学家の大村益次郎《ますじろう》などがいます。

淡窓は、漢詩の作者としても大変有名でした。あるとき、中国の大家に日本人が作った漢詩をずらっと並べて見せたら、二人のものが称賛されたというんです。それが明治の軍人・乃木希典《のぎまれすけ》、そして廣瀬淡窓のものでした。私も若いころ、「君は川流《せんりゅう》を汲め我は薪《たきぎ》を拾わん」（「桂林荘《けいりんそう》雑詠諸生に示す」）という淡窓の詩を朗誦《ろうしょう》したものです。

日田は、手工芸もさかんです。特に日田杉を使った家具や下駄作りが評判です。私ども福岡の人間は、「日田の下駄はすごい。足触りがやさしく、履いていて疲れない」と言っていました。

慶應義塾の創始者・福澤諭吉は、豊前・中津藩士の子で、大坂・堂島にあった藩の蔵屋敷で生まれたそうです。また、作家の野上弥生子《やえこ》さんは臼杵市出身。ご高齢になっても小説を書きつづけた方で、九十九歳のご長寿を全うされました。『迷路』『秀吉と利休』などの作品があります。

スポーツ界では、元西鉄ライオンズの稲尾和久《いなおかずひさ》さんが別府市の出身です。一九五八（昭和三十三）年、日本シリーズでの、投打にわたる獅子奮迅の活躍は、語り草になっています。「神様、仏様、稲尾様」と言われたすごい投手でした。

別府出身の方には、満州（現・中国東北部）から引き揚げてこられた秋吉敏子さんがいます。戦後、占領軍が日本にもたらしたアメリカ文化の一つに、ジャズがありました。秋吉さんもこれに魅了され、アメリカに渡ってジャズ・ピアニストとして活躍されました。彼女が作曲した『ロング・イエロー・ロード』を「満州の風が感じられる」と評した人もいますが、私には忘れられない一曲です。秋吉さんは、世界を舞台に活躍する日本人音楽家の先駆けと言えます。

シンガーソングライターの大塚博堂さんも、別府出身です。長いタイトルの作品がたくさんあって、『ダスティン・ホフマンになれなかったよ』というタイトルは、鮮明に覚えています。若くして亡くなりましたが、一時代を画した音楽家でした。〝愛を歌う吟遊詩人〟と言われ、女性ファンが多かったそうです。大塚さんの『一冊の本』という曲には、なぜか私の名前が出てきて驚きました。

一冊の本　　（作詞＝藤公之介　作曲＝大塚博堂）

あなたに借りた　五木寛之
今ごろ読む気に　なりました
また逢う口実　作りたくて
返すためにだけ　借りた本です
あなたの愛は　さめはじめ
秋へ秋へと　急ぎ足
ぼくは夏の思い出を

かかえたままで　立ち止まる
本をあなたに　返さなければ
本をあなたに　返さなければ

大分編では、あれもこれも言わなければというような、緊張感があまりなくて、のんびりと親戚の話でもしているような気持ちになりました。大分県の持つヒューマンな温かさが、私の心を軽快にさせてくれたのだと思います。

宮崎

身内のような親しみを感じる土地

同じ九州といっても、各々の県民の思いは、県ごとに独立意識があるんですね。たとえば福岡県民には、熊本県に対抗意識があるし、鹿児島県も、熊本に対してライバル意識をもってるようです。なぜなら、昔は熊本が九州の中心で、軍の鎮台があったり、NHKの九州総局もありましたから。

でもそれが、宮崎県相手だとなんとなくホッとして、身内のような親しみを感じるんです。宮崎という言葉そのものに、人の心を安らかにする響きがあり、太陽が燦々《さんさん》と輝き、明るい土地のイメージがあるんですね。

高校のころの、僕らの修学旅行は宮崎で、バスで回るわけですが、当時の九州の高校生にとって、宮崎交通のバスガイドさんといったら、憧れのお姉さんだったんです。歌も歌ってくれるし、格好いいんで、並んで記念写真を撮らせてもらったり、サインをねだったりしたものです。そのころのバスガイドさんは、後の旅客機のスチュワーデス（客室乗務員）みたいな存在でした。

もう一つ、宮崎の思い出は、作家になってからのことですが、日ノ影線（一九七二年に高千穂線と改称）という名前に惹かれて、東京から乗りにいったことです。高千穂のほうに向かっていく鄙《ひな》びたローカル線なんですが、ものすごく深い渓谷の上にかかっていて、見下ろすと目が回るような景色なんです。鉄道ファンにとって、絶対見逃せない路線の一つでしょう。

高千穂は、日本の神話のふるさとです。泊まった翌朝、雲海を見ようと早起きして歩いていると、遠くから歌が聴こえてきた。耳を澄ますと、ご当地の民謡『刈干切唄《かりぼしきりうた》』で、なんていいタイミングだろうって喜んだものです。峰々に霧や雲がかかる下界を眺めながら聴いていると、「ここから日本の歴史が始まったのか」と、つい神話的な感慨にふけったものです。

後で聞いたら、観光客用に、録音をスピーカーから流していたんですけれどね。とはいえ、それでも非常に風情がありました。

六〇年代はハネムーンの聖地

宮崎というと、なんとなく歌って踊ってという、楽天的な明るい感じがするんですが、意外なことに、宮崎県出身の音楽家は、あまり多くないようです。そんな中で、小坂恭子《きょうこ》さんが日南市の出身です。ご自身が作詞・作曲された『想い出まくら』が大ヒットしました。

想い出まくら　（作詞・作曲＝小坂恭子）

こんな日はあの人の　真似《まね》をして
けむたそうな　顔をして
煙草《たばこ》をすうわ
そういえば　いたずらに　煙草をすうと
やめろよと取り上げて　くれたっけ
ねえあなた　ここに来て
楽しかった　ことなんか

話してよ　話してよ
こんな日はあの人の　小さな癖も
ひとつずつ　ひとつずつ
思い出しそう

昔は、新婚旅行といえば宮崎で、ハネムーンのカップルが押しかけた時代がありました。

一九六〇（昭和三十五）年に島津久永・貴子《たかこ》さんご夫妻が、新婚旅行にいらしたことなどがきっかけで、六〇年代ころブームになりました。日南海岸の街路樹がエキゾチックですが、「宮崎の観光の父」と言われている、宮崎交通の創業者・岩切章太郎《いわきりしょうたろう》さんが、戦前にフェニックス（ヤシ科の木）を植えたのが始まりだそうです。いまは同じヤシ科でも、ワシントニアパームの街路樹になっています。

宮崎は日照時間が長いし、観光資源にも恵まれているので、のんびりした人柄が育っているのではないでしょうか。宮崎の男性は、「芋がら木刀《ぼくと》」と呼ばれるそうです。イモがらで作った木刀ということで、見かけはいいけど、芯がお人よしで、人と争わない。また、宮崎の人は、「てげてげ」とよくいいます。無理をせず、「何事もほどほどに」という意味だそうです。

鹿児島とか、福岡の人間の気質には、なにか前へ出て行こうとする、強いところがあります。それに対して、長崎や宮崎の人には、おっとりした感じがあります。穏やかで、おおらかというか、懐が深いということでしょう。

宮崎は、農業が盛んで、労働人口に占める第一次産業の割合が、全国でいちばん高い県だそうです。冬の日照時間が長いことを利用して、花卉類の生産も盛んで、スイートピーが全国一位。早場米がとれますし、野菜類の生産高も、多くのものが全国トップレベルです。店に行くと、宮崎県産の野菜や果物をしょっちゅう目にします。フルーツだと、マンゴーが有名で、高価ですけど、大きくて、甘くておいしくて、芸術品のようです。

宮崎はまた、地鶏とか牛肉もブランドになっていて、宮崎牛はとてもおいしいです。切り干し大根も全国一位だそうです。切り干し大根は宮崎らしい、懐かしい感じがしますね。

歌の話題に戻りますと、今井美樹さんが、日向灘《ひゅうがなだ》に面した高鍋町の出身です。モダンな歌い手さんで、都会派の女優、タレントとしても大活躍しました。代表曲に『PRIDE《プライド》』があり、作詞・作曲は夫の布袋寅泰《ほていともやす》さんですね。

PRIDE（作詞・作曲＝布袋寅泰）

私は今　南の一つ星を
見上げて誓った
どんな時も　微笑みを絶やさずに
歩いて行《ゆ》こうと
貴方《あなた》を想うと　ただせつなくて
涙を流しては
星に願いを　月に祈りを
捧《ささ》げるためだけに生きてきた　Uh
だけど今は　貴方への愛こそが
私のプライド

〝隠れ念仏〟や逃散農民も受け入れた

私はどちらかというと、歴史の表舞台で活躍したヒーローよりも、為政者に迫害された民衆のほうに関心があるんです。

江戸時代の農民たちが、過酷な年貢の取り立てや、信仰弾圧に反対して、蓆旗《むしろばた》を立てて、鎌や鍬《くわ》を手に一揆を起こし、力で抵抗したことはよく知られています。しかしその一方で、「逃散《ちょうさん》」という抵抗のしかたもありました。これは、村人全体で相談して、ときには二、三年かけて計画を練って、ある晩、一斉に村から逃げ出してしまうのです。行政側からすると、一夜にして村が無人になる、つまり年貢の取り立て先が消えるわけですから、大きなダメージになるわけです。

宮崎県でいうと、江戸時代の半ば、高千穂の山裏村の村人二百五十人ほどが、重税に耐えかねて逃散を行ったのは有名です。また、九州の一向信徒、いわゆる〝隠れ念仏〟の信者たちが、薩摩《さつま》藩の弾圧を避けるため、峠を越えた日向（宮崎）の飫肥《おび》藩領へ逃れた例もあります。それを受け入れる気質が、宮崎にはあったんでしょうね。

あてもなく流浪するわけではなく、新しい開墾地へ迎えてもらうなどの約束を、取り付けたうえで離村するんです。計画的というか、理性的というか。なかなか柔軟な、農民の自己主張の一つだと思います。受け入れるほうでは、貴重な労働力として、わざわざ逃散奉行職を設けて、対応したそうです。

農民たちを守ってくれたのは、ほかでもなく、郷土の大自然だったのではないでしょうか。

宮崎県中西部にある綾町《あやちょう》には、日本最大級の照葉樹林が広がり、二〇一二（平成二十四）年にユネスコのエコパークに登録されました。若山牧水（現・日向市生まれ）のような、大らかな感性の詩人が生まれたのも、そういう豊かな自然環境があったからなんでしょう。旅を愛し、酒を愛した、いまでも国民的に愛されている歌人で、日本人の心に訴えかける作品が多くあります。

映画『祭りの準備』などの監督・黒木和雄さんは、中学時代から、えびの市で生活したそうです。漫画『釣りバカ日誌』のやまさき十三さん、作詞・作曲家の中山大三郎さんが、ともに都城《みやこのじょう》市出身です。

私が二十代の後半、レコード会社にいたとき、世に出る前の作詞家の星野哲郎さん、作曲家の叶弦大《かのうげんだい》さんが、先輩格というか、兄貴分として、いらっしゃいました。その弟分が中山さんで、ディレクターから「大ちゃん、タバコ買ってきてよ」って言われると、「はいはい」と、腰も軽く動いていたものです。

詞も曲も書く両刀遣いで、日本的な歌謡曲だけではなく、広くアジアの音楽にまで目配りがある人でした。大相撲の増位山《ますいやま》関が歌った『男の背中』もそんな曲の一つです。

男の背中　（作詞・作曲＝中山大三郎）

男の肩と　背中には
むかしの影が　ゆれている
恋も　涙も　悲しみも
だれにも言えない　傷あとも
ゆらゆらゆらと　まり木ゆれて
グラスの底に　明日をみる
おまえはそんな　男の姿
気付かないけど

男の胸の　おくのおく
その時々の　夢がある
過去も　未来も　ぼんやりと
忘れてしまう　ときがある

ゆらゆらゆらタバコのけむり
見つめて愛にゆれながら
おまえのあまいかおりの中で
休む日もある

芋、麦、米、ソバ、トウモロコシと多彩な焼酎

九州人はお酒が強いといわれます。

焼酎は、大分なら麦、鹿児島では芋のようですが、宮崎では、芋、麦、米、ソバ、トウモロコシ、と多彩です。酒飲みのことを、「しょちくれ」（焼酎食らい）、一日の疲れを癒《い》やす晩酌のことを「だれやみ」と言うそうです。「だれ」は「疲れる」、それを「やめる」というので、疲れを癒すということのようです。福岡のほうでは、疲れたというときに「だれた」って言うんです。

スポーツの分野では、柔道の井上康生《こうせい》さんが宮崎市、マラソンの谷口浩美《ひろみ》さんが日南市の出身です。海岸沿いのきれいなゴルフ場も、宮崎ならではの風景です。軍馬が野生化した御崎馬《みさきうま》が見られる都井《とい》岬、江戸時代の武家屋敷が多く残る城下町・飫肥《おび》など、名所がたくさんありますね。

最後に、中山大三郎さんの代表的な名曲『無錫旅情《むしやく》』をご紹介しましょう。作詞・作曲は中山さんで、尾形大作さんが歌っておられました。

無錫旅情　　　（作詞・作曲＝中山大三郎）

君の知らない　異国の街で
君を想えば　泣けてくる
おれなど忘れて　しあわせつかめと
チャイナの旅路を　行くおれさ
上海　蘇州と　汽車に乗り
太湖《たいこ》のほとり　無錫の街へ

船にゆられて　運河を行けば
ばかな別れが　くやしいよ
あんなに愛した　あんなにもえてた
いのちを賭けたら　できたのに
涙の横顔　ちらついて

歴史の街も　ぼやけて見える

土佐の坂本龍馬のような、強烈なイメージの人はいませんが、ほわっとした懐かしい雰囲気がして、心が和む。それが宮崎県の徳ですね。

延岡市出身の地球科学者、濱田隆士《はまだたかし》さんは、古生物や恐竜の研究がご専門で、福井の恐竜博物館や神奈川の生命の星・地球博物館の館長を歴任されました。ほんとうにおっとりとした穏やかな方だったそうで、濱田さんを知る人は『ちびまる子ちゃん』のおじいちゃんみたいな方と言っているそうです。宮崎県人の一つの典型かもしれません。人さまざまとは言え、県によって特徴があることを再確認した思いです。

鹿児島

活火山「桜島」が育てた個性

九州は、北と南では気候も気質もだいぶ違うんです。私の出身地福岡は玄界灘《げんかいなだ》に面していて冬は寒いのですが、鹿児島は南国の雰囲気にあふれ、エキゾチックな魅力がいっぱいです。

鹿児島は九州の中でも独立したイメージがあります。それから、いい男が多い印象がある。眉毛が太くて、たくましい感じです。女性も、目鼻立ちのくっきりした美人で、性格もはっきりした人が多い気がします。

最近、世界の各地で火山の噴火が相次ぎ心配です。鹿児島を旅すると、錦江湾《きんこうわん》（鹿児島湾）の向こうに桜島が見えて、「ああ、鹿児島に来たな」と実感します。活火山の迫力といいますか、いまでも火山灰が降って、風向きによっては車のフロントガラスが白くなるほどです。常に大地の活動が目の前に見えるので、緊張感があります。

そんな危険をはらんだ大自然の営みと隣り合わせだからこそ、スケールの大きな人物に鍛え上げられたのではないでしょうか。鹿児島の人々は、創意工夫があり、どこか肝がすわった人が多い気がします。

鹿児島には、火山灰が堆積したシラス台地が広がっていて、晴れた日には、山を切り取った斜面の土が白く輝いて見えます。こういう土壌では作物はなかなか育ちにくいと思いますが、サツマイモは名産です。九州ではカライモと呼びます。遣唐使の「唐」で唐《から》のイモ。中国から来たという意味なのでしょう。土地の恵みが豊かでなくても、土地に合うものを工夫して育ててきた、その産物だと思います。

鹿児島といえば薩摩藩。ＮＨＫの大河ドラマ「篤姫」の舞台となり注目されました。大河ドラマのあと鹿児島は観光客で賑わい、中でも鹿児島市内にある西郷さんの大きな銅像が人気だそうです。西郷さんという人はじつに不思議な人です。男性的でありながら包容力があり、やさしい印象を受けます。体形も、ごつごつしたマッチョな体というよりは、ふっくらとして、春の海にたゆたっているような茫洋《ぼうよう》とした感じがします。江戸城引き渡しの前、勝海舟と「この町を戦火に巻き込むには忍びない」と語り合ったエピソードは有名ですね。

鹿児島の方は、いまでも西郷さんの遺《のこ》した、「敬天愛人」という言葉を大事にされている印象を受けます。西郷は、いわゆる征韓論で明治政府と対立し、下野して故郷の鹿児島に帰りました。

当時、政府や財界には大蔵卿・初代内務卿を務めた大久保利通《としみち》をはじめ、開拓長官・総理大臣の黒田清隆、同じく総理大臣・大蔵大臣を何期も務め、日本銀行を設立した松方正義など、薩摩出身者が数多くいて、いずれも功成り名を遂げています。しかし、維新三傑の一人といわれた西郷の晩年は、他の二人の大久保、木戸孝允《たかよし》に比べて圧倒的に不遇でしたから、判官びいきの日本人の心情に訴えるところが大いにあるのだと思います。

鹿児島出身の方々を思い浮かべると、「わが道を行く」という伸びやかなイメージの人が多い。薩摩藩は幕末期に倒幕運動が激しく、長州藩とともに「薩長、薩長」と眼の上のたんこぶみたいに言われたこともありますが、基本的に反骨で、大きいものの後ろにくっついていくことを潔しとしない。そんな自立的な魂が貫かれているのが、鹿児島という土地だと思います。

通訳が必要な鹿児島弁

二〇一一(平成二十三)年春には、博多から鹿児島まで九州新幹線が通って、とても便利になりました。でも、鹿児島ならではの、お国自慢の地域性を残して欲しいように思います。

以前、九州各県の知事さんたちが集まったシンポジウムで、知事のお一人が、「九州はまだまだ道路を造らなければいけない」とおっしゃったので、私は反対したんです。というのは、福岡の話になるのですが、高速道路ができてから、大分や佐賀などの近県から、若い人たちが土曜日の晩、押し寄せてくるようになりました。というのも福岡は大きな街なので、深夜までやっている店もディスコもありますから、彼らは夜じゅう遊んで、明け方、大分や佐賀に帰るという具合になったんです。

道路や鉄道が整備されることは便利になって良いことですけれど、地方都市が〝ミニ東京〟となり、均一化していくことはどんなものでしょうか？　札幌しかり、名古屋しかりで、「そんなふうに人が集中するのはいかがなものか」と申し上げたんです。それぞれの都市の個性が出づらくなりますからね。

鹿児島の南部に位置する揖宿《いぶすき》郡頴娃《えい》町（現・南九州市）出身の歌手が高田みづえさんです。以前、あるテレビ番組に出演していた高田さんが、余興にその場で「国のおばあちゃんに電話をかけてください」と言われ、かけた電話が通じた途端、鹿児島弁に変わって、通訳が必要だと司会の方たちが慌てていたことがありました。番組中なのに、若い歌手が、田舎のおばあちゃんとお国訛《なま》りも気にせず話す。その素の姿勢がすてきでした。高田さんのヒット曲が『硝子坂《ガラスざか》』という歌です。

硝子坂　（作詞＝島武実　作曲＝宇崎竜童）

やっぱり　好きだから
それは　あなたが
声もだせずに　うなずいて
見知らぬ人の問いかけに
悲しいのでしょうと　夢の中

いじわるな　あなたは
いつでも　坂の上から
手招きだけを　くりかえす
私の前には　硝子坂
きらきら光る　硝子坂

高田さんは大関・若嶋津関（現・二所ノ関親方）と結婚されて、相撲部屋のおかみさんになりました。若嶋津関も、鹿児島県の種子島《たねがしま》出身（熊毛郡中種子町《くまげぐんなかたねちょう》）なんです。種子島は、鉄砲伝来の地で、火縄銃の製作地でもあり、その銃は、「種子島」とよばれました。現在は、種子島宇宙センターが建設され、ロケット打ち上げ基地として有名です。

迫害を生き延びた〝隠れ念仏〟

江戸時代の薩摩には、一般にあまり知られていない歴史があるんです。〝隠れ念仏〟という言葉を聞かれたことがありますか。隠れキリシタンやその殉教の話は教科書にも出てきますが、隠れ念仏はほとんど出てきません。藩に禁じられた浄土真宗（一向宗）の門徒が、為政者の目を逃れて信仰したことをいうのです。

室町時代の終わりごろ、念仏衆の人たちが各地で一揆を起こしました。北陸の加賀一向一揆では「百姓の持ちたる国」と言われる、一種の自治国を作りました。それが百年近くつづいたのですから、すごいことです。恐れをなした全国の大名たちが一向宗の信者を増やすまいとする中、薩摩藩も念仏禁止令を出したので、信者は地下に潜るか、改宗を迫られました。

鹿児島のお寺の庭で、「涙石」という石を見かけることがあります。かまぼこのような、平らな形の大きな石ですが、隠れ念仏の門徒の膝の上に二枚、三枚、四枚と載せて、拷問するのに使ったものです。「骨は砕け、肉は裂け」たそうですが、それにも屈せず、隠れ念仏は、その後、明治まで三百年もつづいたのです。

武士道の極意を説いた『葉隠』などが、武士の〝表芸〟として読み継がれてきたのとは異なり、名もなき民草《たみくさ》が自分たちの信仰と思想を守りつづけ、数百年大事に受け継いでいく。そういう〝隠れた歴史〟は、日本人の精神史の中でも非常にユニークですし、もっと重要な位置づけをされてもいいのではないかと思います。どんなに迫害されても、信念を曲げない、そういった強さをもつ気質が、いまも残っているのでしょう。

強いといえば、日置《ひおき》市出身の歌手長渕剛《ながぶちつよし》さんも、そんな感じがします。前に稲盛和夫さん（京セラを設立、現・日本航空名誉会長）と対談をしたとき、「突然、長渕さんという歌い手さんが会社に現れましてね」と切り出されたことがあります。長渕さんが

「私は稲盛和夫さんと鹿児島の同郷で、尊敬しております。今度、鹿児島で大コンサートをやりますから、ぜひ応援してください」と言って頭を下げられたんだそうです。稲盛さんは熱意に負けて、スポンサーになられたそうです。

乾杯　（作詞・作曲＝長渕剛）

かたい絆に　思いをよせて

語り尽くせぬ　青春の日々
時には傷つき　時には喜び
肩をたたきあった　あの日

あれから　どれくらい　たったのだろう
沈む夕陽を　いくつ数えたろう
故郷《ふるさと》の友は　今でも君の
心の中にいますか

乾杯！　今　君は人生の
大きな　大きな舞台に立ち
遥《はる》か長い道のりを　歩き始めた
君に幸せあれ！

鹿児島に縁のある歌手では、森進一さんもそのお一人です。お生まれは山梨県ですが、お母さまの郷里だった鹿児島で育たれたそうです。私は森さんの歌の作詞をしたことがあります。ギリシャの作曲家、ミキス・テオドラキスが作った『汽車は八時に出る』という、一時期、世界中ではやった曲があります。内容は、レジスタンス（抵抗運動）に加わるために、郷里を出ていく青年を見送る娘の思いを歌ったものです。その詞の訳をもとに私が作詞して、森さんに歌ってもらいました。ちょっとしんみりする曲です。

汽車は八時に出る　　（作詞＝五木寛之　作曲＝ミキス・テオドラキス）

冬の日は落ちて　細い月が昇る
暗いあなたの目に　そっと口づける
今は別れの時　二度と還《かえ》らぬ夢
汽車は八時に出る

髪を短く切り　口紅も落として
黒い服を着るわ　こころ閉ざして
今は別れの時　二度と還らぬひと
汽車は八時に出る

森さんの歌い方には、西洋風に震わすビブラートではなくて、日本の古い仏教音楽である声明《しょうみょう》の、〝揺《ゆ》り〟というテクニックが非常にうまく入っているんです。昭和・平成の流行歌手としてだけではなく、古来からつづく日本音楽の伝統の流れの中に、森さんを位置づけると、ひとしお味わい深いのではないでしょうか。

沖　縄

強烈な個性の沖縄文学

私自身、九州の人間だということもあるのかもしれませんが、沖縄を、とても身近に感じます。「歌の旅びと」の最後は、沖縄を訪ねましょう。

最初に足を運んだときは、沖縄がまだ本土復帰をする前でした。復帰を、感激をもって喜び迎える声と、「沖縄独立」とか「復帰すべきじゃない」という意見があって、世論が割れていました。

数年前、沖縄の新聞に小説の連載もしていたので、そのあともしばしば訪れる機会がありました。那覇も行きましたが、講演会では離島によく行きました。海がきれいで、砂浜が真っ白です。月並みですが、沖縄の自然の魅力はいやというほど感じました。沖縄は自然だけじゃなくて、いろんな分野で個性を持った方たちがいて、一大偉観を作っています。

先輩の作家に大城立裕《おおしろたつひろ》さんという方がいらして、四十数年前に、九州沖縄芸術祭文学賞という文学賞を立ち上げたんです。選考委員が安岡章太郎さん、江藤淳《じゅん》さん、そして私という組み合わせでした。

集まってくる作品の中でも、沖縄からの作品は個性が強烈なものが多く、常に上位を占めていました。最優秀作品は『文學界』に掲載され、その中から目取真俊《めどるましゅん》さんの『水滴』が芥川賞を受賞しました。このほかにも又吉栄喜《またよしえいき》さんの『豚の報い』など、芥川賞を受賞する人が続々出て、一時は、沖縄ブームという観を呈していたほどです。

やがて、看板をかけかえて九州芸術祭文学賞となり、ここ数年、沖縄の色が薄くなっているのが気になるところです。かれこれ四十九年になりますが、今後も、沖縄からいい作品が上がってくることを期待しています。

「なんくるないさー」絆と和らぎの沖縄

沖縄の言葉がタイトルに入っている、BEGIN《ビギン》の曲『島人《しまんちゅ》ぬ宝』は、とても明るく伸びやかな歌ですが、内容は重い。失われていくもの、変わっていくものを惜しみつつ、故郷沖縄を大切にしていこう、という思いが伝わってくるいい曲です。

島人ぬ宝（作詞・作曲＝ＢＥＧＩＮ）

僕が生まれたこの島の空を
僕はどれくらい知ってるんだろう
輝く星も　流れる雲も
名前を聞かれてもわからない
でも誰より　誰よりも知っている
悲しい時も　嬉《うれ》しい時も
何度も見上げていたこの空を
教科書に書いてある事だけじゃわからない
大切な物がきっとここにあるはずさ
それが島人ぬ宝

三線《さんしん》（三味線）の音色には、不思議な魅力があります。沖縄には民謡酒場が各地にありますが、曲がかかると踊り出す人が多く、楽しみも喜びも悲しみも、みんなで一緒に踊って分かち合う雰囲気を感じます。自然と体がスイングしてくるような感じですね。沖縄では、人間同士の絆が、非常に強いのだと思います。

那覇でタクシーに乗っていたとき、途中で溝にはまり込んだ車を見かけた運転手さんが、「ちょっと待っててください」と言って車を止め、その車を溝から出すのを手伝っていました。ぜんぜん知らない方のようでしたけれど、助け合って当たり前という感じなんですね。

沖縄には「いちゃりばちょーでー」という言葉があるんです。「ちょーでー」は「兄弟」のことで、「一回あったらみんな兄弟」という意味なんですね。仏教の「慈悲」という言葉は、フレンドシップ（友情）とかブラザー（兄弟）という呼びかけの言葉だと聞いたことがありますが、それに似ていい言葉ですね。

沖縄言葉で「なんくるないさー」（まぁいいよ。大丈夫だよ）と言われると、心がゆるゆるとほどけていきます。そういう絆や和らぎには、沖縄の人たちが、厳しい自然や、琉球時代からの搾取圧政の歴史を、生き抜いてきた背景があることを忘れてはいけませんね。

「沖縄に来たなら、平和の礎《いしじ》だけは見るように」と言われます。糸満市の摩文仁《まぶに》の丘にある平和祈念公園の、青い海を控えた平和の広場に、軍人・民間人、国籍の区別なく、沖縄戦で亡くなった方の名前が、びっしりと花崗岩《かこうがん》の碑に刻まれていて、多くの方が訪ねています。

重い歴史を背負っている土地なんですね。そういうところから生まれてくるのが、美しい音楽であり、歌なんです。

沖縄には、名嘉睦稔《なかぼくねん》さんという、版画家でデザイナーの方がいるんですが、著書にこんなことが書いてありました。

グループでバンドを作って、老人ホームへ行ったとき、明るい歌で励まそうと思ったら、ぜんぜん受けなかったそうなんです。すると、一人のご老人が立ち上がって、「私たちは毎日悲しい生活を送っているんだ。悲しいときには悲しい歌が聴きたいんだよ」と言われた。そういう歌を演奏したところ、心が通い合って、そのあとは明るい歌も聴いてくれたという話でした。

悲しいときこそ悲しい歌を聴きたくなることもあるんだな、と思ったものです。

仲宗根美樹から安室奈美恵まで

仲宗根美樹《なかそねみき》さんは、沖縄の新しい面を映すスターですね。東京・新宿あたりの歌声喫茶の中から生まれた歌として、流行歌に浮かび上がったのが、仲宗根美樹さんの『川は流れる』という歌です。
時代が彷彿として浮かんでくる曲ですが、ほかの流行歌とは一味違う、非常に印象に残る歌です。

川は流れる　（作詞＝横井弘　作曲＝櫻田誠一）

病葉《わくらば》を　今日も浮かべて
街の谷　川は流れる
ささやかな　望み破れて
哀《かな》しみに　染まる瞳に
黄昏の　水のまぶしさ

思い出の　橋のたもとに
錆《さび》ついた　夢のかずかず
ある人は　心つめたく
ある人は　好きで別れて

そのあと出てきた沖縄の方といえば、南沙織《さおり》さんがパッと浮かびます。『17才』で、鮮烈なデビューでした。仲宗根美樹さん、南沙織さんがいて、夏川りみさんにつづく流れがありますね。そして、ポップスの安室《あむろ》奈美恵さん。沖縄出身のスターは、たくさんいらっしゃいます。

歴史を背負った芸能や文化

沖縄県には、本島を含めて百六十の島があり、そのうち四十九の島に人が住んでいるそうです。亜熱帯気候で、家庭で栽培する果樹がパパイヤだと聞いて、驚いたことがありますが、本土では見られない風景がありますね。広いさとうきび畑を見ると、森山良子さんの「ざわわざわわ」（『さとうきび畑』）という歌が聞こえてくる気がします。

さとうきび畑といえば、昔はハワイのマウイ島などには、沖縄から労働者として多くの人が来ていました。南米のアルゼンチンや、ブラジルを回ったときも、沖縄出身の方が大勢いらして、異郷の地に夢を託された沖縄の方が多かったことがわかります。

沖縄独特の食べ物では、島豆腐。固いお豆腐で、チャンプルーにピッタリです。ゴーヤチャンプルーは、私の好物です。

私は歯を磨いたあとに、沖縄の塩で歯茎をマッサージしています。工場製の塩と違って、海の匂いと味がしみ込んでいるような気がして、ずうっと使っています。泡盛に漬けた島唐辛子も有名です。公設市場では豚の顔や足がそのまま売られていて、最初に見るとびっくりされる方も多いでしょう。公設市場のあたりは観光名所になっていますが、地元の人たちにとっては、生活の場なんです。

沖縄出身の女優さんには、「功名が辻」の仲間由紀恵さん、「どんど晴れ」の比嘉愛未《ひがまなみ》さん、「ちゅらさん」の国仲涼子さん。意外な感じがする人もいます。GACKT《ガクト》さん、フィンガー5《ファイブ》、Kiroro《キロロ》、SPEED《スピード》、MAX《マックス》と、沖縄出身の方はたくさんいます。

歴史を背負った芸能や文化と、外から入ってくるものとがぶつかりあって、そこに潮目ができ、新しい動きが出てくるような気がします。

〝祈り〟がある沖縄の歌

沖縄の歌の中で、私は『二見《ふたみ》情話』という曲が印象に残っています。伝統的な古い民謡のような雰囲気ですけれども、じつは戦後になって作られたそうです。照屋朝敏《てるやちょうびん》さんという方が作詞、作曲されています。

戦争中、摩文仁から二見に避難していて、終戦後、やっと郷里の首里《しゅり》（那覇市）に帰られることになった。そのとき、責任者だった照屋さんが二見の村人の優しさと美しい自然に感謝して作られたのがこの歌だそうです。

二見情話　（作詞・作曲＝照屋朝敏）

二見美童《みやらび》や　だんじゅ肝清《ちむじゅ》らさ
（二見のおなごは心がなんとまあ綺麗《きれい》なことだよ）
海山ぬ眺み　他所《ゆす》に勝《まさ》てぃよ
（海山の眺め　これまた言うに及ばぬことだよ）
（中略）
戦場《いくさば》ぬ哀り　何時《いち》が忘《わし》りゆら
（戦場の哀れ　何時《いつ》になったら忘れられるの？）
忘《わし》り難《がた》なさや　花ぬ二見よ
（忘れ難きは　花の二見よ）

古謝《こじゃ》美佐子さんが歌われていて、しんみりと聴かせます。二見は名護市にある、美しい景観の地だそうです。歌の内容は、二見の娘さんたちはみんな姿かたちがよく、心立て、気持ちも素直でいい。自然も美しく、山も海も美しいという意味のようです。メロディーが『五木の子守唄』と似たところがありますが、こちらは明るい感じがします。

後半では、戦場の悲惨さ、哀れさをどうして忘れることができようかという歌詞が出てきます。歴史の傷跡がしっかりと残っている。そういうところが、普通の民謡とはちょっと違って、私は好きなんです。地元では、この歌を歌う催しもあるそうで、長く歌い継がれていく歌だと思います。

沖縄の歌には〝祈り〟があるんだなと感じます。沖縄地方で祭祀《さいし》を行う聖域を、御嶽《うたき》と言いますが、そういう場所へ行くと霊気を感じる気がします。沖縄というところは、土着の信仰が根付いた場所なんですね。

旅の終りに

日本列島は、入り口は小さいけれど、古代からのさまざまな歴史が各地に生きています。踏み込んでいけばいくほど、迷路のような日本文化の、奥深さや魅力をつくづく感じました。と同時に、神話に出てくるアメノウズメノミコトの、歌や、踊りが、大きな転換のきっかけになったように、日本の各地で歌われた歌をもとに、新しい音楽が生まれてきたのを、再発見できました。

流行った歌を聴いていくと、その当時の変転する様相や出来事が、走馬灯のように浮かんできます。懐かしい歌や、若いころのヒット曲を、たくさん聴くだけで、歴史を追体験しているような気になって、うれしくなります。そのことで、私は元気を取り戻すことができました。

この旅をとおして、歌と共に、時代と地域について、いろいろな再発見をさせていただきました。この本を、最後まで読んでいただいた読者の方々に感謝します。私にとって、忘れられない思い出になりました。

ありがとうございます。

五木寛之

本書は、二〇一五年九月、『歌の旅びと（上・下）』として潮出版社より刊行されたものを、文庫化に当たり、再編成・改題しました。

初出誌
「月刊ラジオ深夜便」（発行・NHKサービスセンター）
二〇一一年八月号〜二〇一五年七月号

デザイン／テラエンジン
企画・編集協力／スフィア

|S| 集英社文庫

歌《うた》の旅《たび》びと　ぶらり歌旅《うたたび》、お国旅《くにたび》　西日本《にしにほん》・沖縄編《おきなわへん》

2019年4月25日　第1刷　　定価はカバーに表示してあります。

著　者　五木寛之《いつきひろゆき》

発行者　徳永　真

発行所　株式会社　集英社
東京都千代田区一ツ橋2-5-10　〒101-8050
電話　【編集部】03-3230-6095
【読者係】03-3230-6080
【販売部】03-3230-6393(書店専用)

印　刷　中央精版印刷株式会社　株式会社美松堂

製　本　中央精版印刷株式会社

フォーマットデザイン　アリヤマデザインストア　　マークデザイン　居山浩二

ISBN978-4-08-745867-1 C0195